Hársszegi Anita

MORGÓ MARGÓ

novum ◢ pro

Ez a könyv
e-könyvként
is elérhető

www.novumpublishing.hu

© 2022 novum publishing

ISBN 978-3-99131-552-0
Lektor: Sósné Karácsonyi Mária
Borítókép: Sudok1 | Dreamstime.com
Borító, tördelés & nyomda:
novum publishing
Illusztrációk: Hársszegi Anita

A szerző által a kiadó rendelkezésére
bocsátott képek a legjobb minőségben
kerültek nyomtatásra.

www.novumpublishing.hu

Climate neutral
Print product
ClimatePartner.com/16547-2201-1002

A „3hétre családomnak".
Férjemnek és gyermekeimnek.

ELŐSZÓ

Anitával a kanapémon ismerkedtünk meg. Súlyos Covid- fertőzésből felgyógyulva, kétségek között, ezer kérdésre választ várva keresett fel. Sokáig összekuporodva, riadtan ült azon a kanapén. A betegség mindent átalakított, minden megváltozott kívül és belül. Közösen kezdtük el felfedezni ezt az új világot, és benne őt magát. Nehéz, göröngyös utakon botorkáltunk. Izgalmas volt elkísérni, támogatni, bátorítani.

Mert bátorság kell belenézni a tükörbe kíváncsian és nyitottan. Mert nem mindig azt látjuk, amit szeretnénk. Azzal is szembesülünk, amit elrejtünk, elfedünk, és erő kell ahhoz, hogy mindazt feldolgozzuk.

Anita.

Intelligens, őszinte, kíváncsi, bátor és erős NŐ. Sokat lehet tanulni tőle. A stílusa egyéni, izgalmas, ahol éppen kell; átszövi a humor.

Erőt, hitet és szeretetet meríthetünk belőle.

Dr. Diószegi Mária
az útitárs

BEMUTATKOZÁS

 Majd' 50 éves, kerek, érett asszony vagyok, aki nem veti meg az érzelmeket, a rációt, és az ezek feletti humort sem. 2020 telén fertőződtem meg a Covid19-járványban. Az állapotom intenzív orvosi ellátást igénylő, pár napig lécrezgető voltát követő poszttraumát dolgoztam fel, adtam ki magamból terápiás céllal írásban. A könyvet kezedbe véve a betegségemről és az ezt követő pszichés állapotomról, belső érzeteimről olvashatsz rövid, önfeltáró történeteket közvetlen stílusban. Érzeteket, érzelmeket, amelyek velem voltak és nehezen távoztak, vagy velem is maradtak. Leckéket, amelyeket itt tanultam meg. Szenvedésemből való kiszakadásom történetét, mely valós élményeimen alapszik. A saját érzéseimet olvasod. Ha egyezést találsz benne a te valóságoddal, együttérzek, de ez a saját képzeletem és traumatikus reakcióm.

Végzettségem szerint tanár vagyok, hivatalos nevén nevezve oktató és fejlesztőpedagógus, 24 éve. Családi állapotom szerint férjezett, háromgyerekes családanya. Szeretem a konyhám, szeretek befőzni, horgolni, olvasni, tanulni és tanítani.

Azt gondolom, ennyi elég is egyelőre ahhoz, hogy lapozz egyet, és feltáruljon előtted a belső világom!

MORGÓ MARGÓ #1

Aggódtam, hogy nem látom már őket. A Covid-ponton azonnal elpicsogtam magam: három gyerekem van. Nem emlékszem, hányszor mondtam ki. Lehet, hogy sokszor; lehet, hogy csak magamban hajtogattam. Úgy jöttem el itthonról, hogy el sem búcsúztam tőlük. Védtem őket a fájdalomtól, az aggódástól. Nem volt okos döntés, de tanultam belőle. Elég volt akkor nekem bátornak lenni gyengeségemben. Az intenzív osztályon, ahogy ágyba kerültem, csak arra vágytam, hogy ölelhessem őket. Mindet, és egyszerre. Van már elvesztett gyermekem. Emlékszem az ablakra, ahol megjelentek nekem. Kurva közel volt aznap a halál. Szívfacsaró volt, és én rengeteg emberrel körbevéve voltam magányos. Ebbe az érzésbe is majd' belehaltam, de ráadásnak ott volt a Covid is. Elfogadtam a nyugtatót, de sokszor álltak be a gyerekeim abba az ablakba éjjel és nappal is.

Szűk három hét múlva indultam haza. Azt hittem, a nehezén túl vagyok. Ha tudtam volna, hogy a neheze még ezután jön... Lehet, máshogy alakul. A boldog tudatlanság gyógyított.

Első utunk kórházi papírruhában és egy kék köntösben az óvodához vezetett. A legkisebb gyermekemhez. Ha tudnátok, mit éltem én át akkor! Boldog voltam. Földöntúli mértékben. A gyönyörű szemei, mosolya, puha keze, édes hangja, öröme az anyja felett. Senkinek nem kívánom, hogy átélje, mert ehhez mélység társul.

Megittam egy deci bort. Ehhez már az is kell a távolítás miatt, és nagyon remélem, hogy ez az alja ennek a margónak.

Már az új évben tudtam meg, hogy az egykori szülészeti osztályon vagyok két hete. A szobában valahogy nem figyeltem fel erre. Egy beteghordó hozott vissza CT-ről, amikor feltűnt, hogy rossz gombot nyomott meg a liftben. Elöntöttek az érzések. Hirtelen akartam gólyát nézni a másik oldalról, abból a szobából,

ahol először vonhattam magamhoz az ikreimet. Azt nézegettem abban a nyolc hétben, amíg feküdtem. A jelenlegi fekhelyemből kitalálhattam, melyik ablak mögött érkezett hozzánk a harmadik gyönyörűnk. Akkor tűnt fel, hogy a fa, amelynek az ágait az intenzíves napokban fújdogálta a szél, ugyanaz a fa, amit vajúdás közben néztem, csak a nézőpont más. Hiába láttam őket fotón, videón. Hiába volt karácsony, újév. Semmit nem jelentett nélkülük. Januárban lett nekem minden ünnep egy. Pihe-puha szuszogás, ölelő, némább karocskák, és a férjem biztonsága. Azt hiszem, ennél többet adni nem tudtam, mint azt, hogy túléltem, és lehetek tovább.

Sokféle módja van a feldolgozásnak. Jellemző rám a megtapadás, így jobb, ha kiírom. Ha zavar, békével engedlek, és szép utat kívánok.

Ma szilvabefőttet készítek. Pörkölt van.

Szaladok kávézni. Itthon van mindenki.

MORGÓ MARGÓ #2

A családi relációk fontossága mellett egy traumában a baráti kapcsolatok mibenlétére is fény derül. A titok, ami egy életet körülvesz, feloldódik. A formális kommunikációs csatornák beszűkülése miatt a szerettek és ismerősök bárhonnan, de információt akarnak. Aggódnak, mert szeretnek, vagy éppen azért érdeklődnek, mert ítélkeznek vagy utálnak. Nekem teljesen mindegy volt abban az ágyban, miért. Egy ilyen helyzetben minden figyelmet megkötöttem, és egyáltalán nem érdekelt a pletyka, hogy ki, mit, miért, hogyan lóg rajtam. Nem bántott, mikor szívességet kért valaki valakitől, akinek az ismerősének van ismerőse, aki ismer és megkérdezett engem vagy közeli hozzátartozóimat. Gépen vagyok-e? Élek-e? Kell-e hullazsák vajon a zárómra?

Se fájdalom, se bánat, se szánalom, se düh nem járt át. Inkább csak a kozmetikus hiánya miatti gyenge bajszom alatt mosolyogtam. A telefonom állandó töltőn, véget nem érő üzenetváltásban. Az egyetlen kapcsolódási pont volt egy űrhajóról. Jó érzés volt tudni, hogy ekkora gondolati energia vesz körül. Beszélni egyáltalán nem tudtam az első pár napon. Írni és olvasni sem igazán, mert összefolytak a betűk, ha egyáltalán eltaláltam őket. Enni is falatonként tudtam csak a fulladás érzete miatt. Utána már volt bent fonal. Egy nyamvadt sportfonal láncszemébe sem tudtam egy horgolótűt belebökni. Se finomkoordináció, se vizuális percepció, se izomerő-adagolás, meg izomerő sem. A tollal ugyanez volt a helyzet, csakúgy, mint a könyvemmel. Tudod, csak olyat kértem, amit be lehetett hozni, és nem bántam magam mögött hagyva égni. Csak én mehettem onnan csupaszon, ahogy beléptem. Egyedül a testhelyzet volt kérdéses. A gondolkodásomról akkor még azt hittem, hogy rendben van. Egy tükörszobában nehéz észrevenni a tükröt magát.

14

Belépsz 47 éves csecsemőnek, sok anyu-apu vesz körül. Tájékozódni nem tudsz, mert ki sem látszanak a védőfelszerelésből. Persze vannak hangok, tekintetek, alkat, karizma. Az akkori nehézségnek megélt Covid-jelmez most széppé alakul, és harminc kedves, megragadt személy helyett csak egy Covid-köpenyt kell engedni, a személyek kellemes emlékké alakulhatnak. A biológia – akár akarod, akár nem – beindul: Anélkül, hogy tudnád, kacsa-üzemmódba kerülsz. Lekerül a tojáshéj a fenekedről, kinyílik a szemed, meglátsz valakit, aki „anyu-apu" lesz. *Traumatikus kötődésnek* hívják. Nekem ez kattant be. Lehet, neked más lesz, ha lesz. Lehet Isten, barát, barátnő, testvér, szerelmed. Ezt én nem tudhatom.

Nagyon nehéz ez a **PTSD (Poszttraumás Stressz Szindróma)**[1]. Covid nélkül is elérhet téged is. Szabályozhatatlan szinte, míg meg nem ismered, és be nem indul a gondolkodásod feletti gondolkodásod. Minél jobban közeledsz és ismered meg a jelenséget, annál inkább lehet félelmetes a felismerés, hogy „Bakker, te hülye vagy, Ancsi! Miccsinálsz???", és egy darabig még így is szabályozhatatlan.

A másik, ami szintén ezzel a tünetegyüttessel járt nálam, a *„túlélők bűntudata"*. Miközben tudod, hogy te túlélted és boldognak kellene lenned, rajtad végtelen szomorúság van. Szomorúság az élet felett. Bűntudat az életed miatt, mert túlélted. Más viszont belehalt. Nekem itt lépett be a *suiciditás*. Az önbántás gondolata. Sok gondolatom volt, főként a 3. hullámban, amit ki is mondtam. Hiába voltam életvidám asszony, vágytam a halált. Hiába éltem túl, meg akartam halni. A sors úgy hozta, hogy az önbizalmam kevés volt hozzá, félmunkát meg nem végzek. Egyébként is tudtam már akkor, hogy ez ettől van, így renge-

---

1 PTSD: https://www.hazipatika.com/betegsegek_a_z/poszttraumas_stressz_ptsd/391 Dátum: 2021.02.16.
https://uni-eszterhazy.hu/api/media/file/55ac3b3ba64c7f3ec9a-382b47a0e8162f1959948 Dátum: 2021.02.16.
https://www.webbeteg.hu/cikkek/psziches/4316/poszttraumas-stresz-sz-szindroma Dátum: 2021.02.16.

teg lekvár és befőtt készült, sok-sok horgolni való volt, és sok-sok barát, akikbe, amikbe lehetett kapaszkodni. A másik, ami gátat okozott a tettek felett, az a dac volt. Ha nem lépem meg az akadályt, akkor azt csak kikerülöm. Kezdhetem új életben elölről, saját hitem szerint. Na nem, ennél azért versengőbb vagyok. Harmadrészt pedig az élet néha gyilkosabb a halálnál is. Meg sem kell ölnöd magad hozzá, jobban szenvedtet a túlélés, ha már ehhez ragaszkodsz.

Eddig tehát gyötört a *traumatikus kötődés, a túlélők bűntudata, az önbántás* gondolata. Ezek lettek talán a szükséges feltételei nálam a *hangulatingadozásnak.* A kezdeti emelkedett öröm után az ép testem felett elkezdtem mosoly mögé dugni, hogy a fejem egy roncs.

Dezintegráció... vagy inkább, azért, mert nem szakember vagyok, így nevezném: szétestél. Elvesztél magadban. Nem tudod, ki vagy, mit akarsz, fiú vagy-e vagy lány. Nem tudsz sírni sem. Megváltozik a személyiséged, valahogy darabokban vagy, mint egy teljesen fekete, 5000 darabos puzzle, amit az asztalra vágnak: Nesze! Nagyon elkeseredtem, mert olyan tip-top kis asszonyka voltam. Elbántam vele... Megfordítottam egy darabkát és kiderült, hogy van rajta szám. Pakolgatom helyre magamban magam. Ami nem odavaló, is szükséges a teljeshez, de nehéz helyretenni a nem tetszőket. Olyan, mintha kiporoltak volna, aztán rácsodálkozol: „Aztaaa, retkesebb, mint gondoltam." Ez van.

Az első *élménybetöréseket* fel sem ismertem. Már a kórházban is kínzott. Újra és újra lejárt lemezként játszódott bennem minden újra és újra. (Egy ablak, egy fertőtlenítés, egy szempár, egy hang, egy nevetés, egy háttal álló alak, fulladás, fulladás, fulladás.) Olyan, hogy tulajdonképpen jól vagy, egyszer csak rád ömlik egy kád jegesvíz. Annyira hideg, hogy égeti a bőröd, a szíved. Nincs sorrendiség benne. Zutty. Tessék. Nem tudod megmondani, mi váltja ki. Van ismerősöm, akinek a fényszóró, zene. Nekem a legutóbbit a kicsi gyerekem váltotta ki, de akadt már bocsánatkéréstől is. Elég stresszes nem tudni, hogy mikor fagy le az operációs rendszered és kell mindent „resetelned", miközben rendes funkciókat kellene kifacsarnod magadból. Szinte lehetetlen.

Ma paradicsomot főzök be. A szeretet idelendített egy ládányit. Van üveg is. Kávé, koronaigazítás, és egy új nap megint. Ez is PTSD-s tünet lehet: *figyelemkoncentráció-áthelyezés.* A traumatikus körülmények kényszeres kerülése. Elfojtása, magadba zárása. Én csak pihenésnek szánom.

Bízok benne, kicsit már boldoggá tettelek azzal, hogy egy látszólag szép élet is lehet néha belülről gyászosabb hangulatú. Mindenkinek vannak küzdelmei, és neked most talán könnyebb. Nekem is, hogy elmondhattam.

MORGÓ MARGÓ #3

Azért, hogy megértsd, milyen egy identitás, *személyiség szétesése*, írok pár sort róla. Egyáltalán nem biztos, hogy mind ilyen. Az én kifordított bundámat olvasod. Ha úgy gondolod, ide írok mindent, tévedsz. Erről a szintről kukucskálva még mindig szédülni fogsz addig, míg meglátsz. Szóval van ennél több és mélyebb. Van, amit még én sem tudok. Önámítás lenne azt hinni, egy élet elég az önismerethez.

Nos, amikor észleltem magamon a *túlkompenzálást* (ez valami olyasmi, hogy kint jól vagy, bent meg nem és nem engeded a bentinek, hogy kijöjjön: felerősíted a kinti jókedved, hogy magad is elhidd, minden rendben), szóval akkor kezdtem el szakembert keresni. Az első utam egy olyan emberhez vezetett, akit véleményem szerint nem érdekeltem. Volt pár jó kérdése. Sokat gondolkoztam azon, hogy vajon az ego és a sértettségem beszélt-e belőlem, mikor ezt megállapítottam. Az igazság az, hogy az önbecsülésem tart ott, hogy tudjam: ez jó nekem, ez nem jó nekem. Nekem régebben nem volt ebből, és a következő problémákkal szembesültem: nem tudtam, hogy nekem mi jó. Nem tudtam, hogy nem tudom. Ha tudtam, mi jó, akkor sem mentem el a nekem rossz mellett. Számtalan jele lehet még, nem az én dolgom felsorolni – és főként nem itt és most. Én tudtam, hogy nem lesz ez nekem jó. Pontosabban csak megéreztem, mert pont a tudatosság veszett el bennem. A sors úgy hozta, hogy mégis jó legyen, és oda vezetett, ahol nekem kemény, de pont annyira, hogy jó legyen.

Leültem a kanapéjára szembesülni önmagammal. Aki még nem ült ilyen helyen, érdemes legalább kipróbálni.

– Nem szorongok.

– Szerintem most is szorong.

(Mi vaan?), Akkurva, háát téényleg... honnan jött ráá???)

– Nem akarom ezt.

– Az egy dolog, mit akar. Az is egy dolog, mi van.

(Mi vaan? Akkurva, háát téényleg... honnan jött ráá???)

– Nem függök.

– Szerintem most is függ.

(Mi vaan? Akkurva, háát téényleg... honnan jött ráá???)

A lényeg, hogy leülsz a kanapéra és mindent, amit magadnak is hazudsz, elismétel. Mint egy fura tükör. Újra meg kell ismerned önmagad. Öt éve vagyok intenzív önismeretben. Azzal foglalkoztam, ami a legnagyobb problémám volt, és úgy hittem, megoldódott. Jól voltam. Összeszedett. Felszínre ért, amit feldolgoztam. Jött a traumám. Ott megoldódott megint valami. Konkrétan én azon az ágyon tudtam csak elhinni, hogy engem lehet szeretni. Ott tanultam meg elfogadni, befogadni segítséget, szeretetet. Ott hittem el: engem sokan szeretnek, én szerethető ember vagyok. És ott kezdtem megtanulni, hogy kell tovaengedni azokat, akik nem kedvelnek.

Kijöttem és boldog voltam. Amikor a testem már éledezett, mégis elkezdtem szorongani. Rájöttem az okára. Ami a trauma előtt megdolgozott, feldolgozott, elfogadott, egy-két dolog kivételével megszeretett volt bennem, magammal kapcsolatban, ELTŰNT. Azon túl, hogy újabb részeim is előkerültek, a régebbiek is feldolgozatlannak tűntek.

Mint egy kifordított csizmabélés. Lehúztam a lábamról, és vele együtt jött a bélés. Visszadugdostam, de nem az igazi, bakker. Itt is, ott is nyom. Töri a lábam.

– Olyan kis tip-top voltam.

– Milyen volt?

– Nem tudom.

Nem tudtam magamról egy épkézláb mondatot kinyögni. Én. Márciusban.

Szégyellem, hogy így tudok szeretni. Sokan nem értik. Egyre inkább egyedül vagyok. Szégyellem, hogy önzetlenül adok. Sokan nem értik. Néha én is megkérdőjelezem, hogy biztosan önzetlen-e? Biztosan nincsenek elvárásaim? Nincsenek, mert a mottóm inkább az élni és élni hagyni. Nem várok vissza semmit, ha jön mégis, örömmel fogadom. Boldoggá tesz más boldogsága. Talán ezt szégyellem leginkább. Ez is, de nagyon sok minden új. Olyan, mintha feltámadásban lennék, valami újraszületésben. Az egóm követeli magának az első helyet, az „én" védelmét. A szív nyíltsága miatt azonban a fájdalom is bejön. Az én-határaim védelme meg kissé harcias. Nos, a hadizászló letűzve, és én a nemi identitás szintjéig estem szét. A Covid után az első megállapításom az volt, hogy nő vagyok. Mint egy kisgyermek, amikor rájön: más lehet más, mint ő. Ő fiú, én meg lány vagyok. Innen szép nyerni, angyalom. Azóta épülök, rakosgatom azt a puzzle-t. Van, ami másabb. Egy újabb épül, és csak reménykedem, hogy szép lesz. Megtarthatom a szép és szeretett részeimet félelmek és szorongás nélkül, a kevésbé szépeket elfogadom, magamhoz ölelem és útjára engedem. Valahogy így tervezem. Tele reménnyel.

Mint mindent, ennek a mérhetetlen komolyságát, mélységét és felelősségét is lehet viccel elütni, hogy egy kisgyermekes itthoni klasszikust idézzek, ami decemberben velem is megesett egy szép „toalett-tolószéken", amire ráadásul rá kellett ültetni:

– Szólok, ha kész vagyok, jó???

MORGÓ MARGÓ #4

Ma a *körforgalomról* írok. Nem találom igazán a kijáratát. Majd meglesz.

Az *élménybetörésről* már írtam. Az valami olyan, hogy ki tudja mikor és hol, egyszer csak állsz nyakon öntve egy kád jeges vízzel. Rád ömlenek hirtelen az érzések, úgy egyben. Rájössz, hogy mi váltotta ki, és gondolkoznod kell, hogy mi volt ugyanolyan vagy nagyon hasonló a traumádban. Ezután pedig félsz, hogy újra kiváltódik. Ugyanettől vagy épp attól félsz, hogy fogalmad sincs, mitől fog kiváltódni.

Amiről ma írok, az más. Képzeld el, hogy reggelizel, egyszer csak egy Covid-köpenyes valahogy melléd kerül a fejedben. Kezdem megszokni. Álmomban is ugrál. Sőt akkor leginkább, illetve relaxációban. Orvos és nővér egyaránt. Álmodban újra és újra mentenek. Vagy kétszázszor volt már december 19. Nehogy elfelejtsem! Fürdetnek. Mérnek. Szúrnak. Vágnak. Altatnak. Nyugtatnak. Babrálnak rajtad valamit. Beszélnek, fertőtlenítenek. Gyógyszert adnak, teát hoznak. Ebédet. Nézed a fát. A közlekedési táblát. Elképzeled, milyen az idő. Oxigén, maszk, csipog... csipog... csipog. Jönnek. Mennek. Vizit jön. Vizit megy. Nem csipog... A szomszédok is csendesek. Az első kórterem hol hangos, hol csendes. Csengetnek. Jön valaki. Cseng a telefon. Tessék. Aggódtam minden csengetésnél, hogy ma jön valaki, akit menteni kell. Felülsz. Kifáradtál benne. Leesik a szaturációd. Kérsz egy percet. Nem változik. Újratervezés, ágyban mosdatás következik. Nincs hatalmad a tested felett: ahova teszik, ott van. Később már pára van a tusolóban. Éget. Belülről. Hiába ülsz, fulladsz. Inkább hidegebbre veszed. „Ma hajat mosunk." Fáj a karod emelni. Tartalékolod az erőt a fontosabb részekre. Fogat mosnál. A fogkrém kupakja rafináltan már lazán. Leszenveded. Kinyomod. A fogkefét a szádba tenni komoly feladat. Állni alig

tudsz. Kell a kezed, hogy támaszkodj, de erő abban sincs. Fáj a fejed lehajtani, de legfőképp a nyakadon tartani. Ráborulsz a polcra, hogy megtámaszd. Így már talán két kézzel beletalálsz a szádba. Nincs erőd sikálni, tartani is alig. Egy reményed van: a fogorvos. Majd megment. Elönt a magány. A szeretteid hiánya. Elfáradsz ennyitől is. Még az ágyban fekvés is kimerít. Út az ágytól a mosdóig és vissza kész teljesítménytúra. Ropogós, finom a fekhelyed, mire megjárod. Kísérnek. Minden este. Hálás vagy. Potyognak a könnyeid. Lekezelik az összes egyéb bajod, mint fertőzések és pelenkadermatitisz. Sosem gondoltam, hogy a gyerek popsikrémje rajtam landol. Megkezdődik az este. Fülessel alszol, hogy ne halljál mást. Éjjel jönnek, mérnek. Hajnalban jönnek, mérnek-vesznek-ellenőriznek. Reggel van. Új műszak. Olyan, mintha ott lennél újra. Még szagok is lennének, ha éreztem volna.

Ezekből kiragad az agyad valamit, és ismétli. Ismétli, ismétli, ismétli. Ezzel már együtt kell élned. Abban bízok, ha elfogadom magát a tényt, hogy ez a traumára adott reakcióm, elillan majd.

A másik, köpenyes oldalnak ugyanilyen rossz. Ők is újra küzdenek álmukban. Újra mentenek. Újra zsák van. Lehet, hogy néhányuk poszttraumás lesz. Az vigasztal a leginkább, hogy amikor erő kell nekik, hogy sikerülhet, én ugrálok – többedmagammal – a fejükbe. A családomon túl ez lesz a másik ok, hogy kijöjjek ebből az állapotból. Tanár vagyok. Szeretek hatással lenni másokra. Szeretek kellemes emlék lenni. Próbálom úgy élni az életem, hogy egyre többen legyenek velem így. Tudod, hogy összejöjjön minimum egy ötven fős temetés.

Ezt a filmet a fejedben az alkohol megállítja. Attól nyugtod van. Teljes mértékben megértem az alkoholistákat, akik hasonlóval szenvednek. Én nem leszek alkoholista. Sokkal jobban szeretem ennél a családomat. Ezt a filmet fogom megszeretni. Most is vannak már szép részei. Azokban fogok elmerülni, és majd bővül, ahogy írom. Amikor az egészet megszerettem, akkor lesz vége, szerintem. Ez lehet egy kijárat.

Megyek ma kanapéra ülni a pszichológusnál, utána jót tesz majd a padlizsánkrém-készítés. Marni fog.

MORGÓ MARGÓ #5

Ma a *körforgalomról* írok. (Tegnap is arról írt. Normális ez?) Tudom nagyon jól. Nem vagyok hülye. Csak azért írom, hogy megértsd: ez valóban körforgalom. Újra és újra, mindig veled van. Hajnal óta egy fahéjas csigával áll mellettem egy nővér jobbról. A fahéjas csigával, ami az aznapi uzsonnám volt. Boldog, csillogó szemekkel kérdeztem meg: „Adsz majd inzulint?" Azt a fahéjas csigát én nem feledem, úgy megörültem. Egy életem, egy halálom: megettem. Vérré vált, és nem kellett inzulin.

Képzeld el, hogy bevásárolni vagy. Neked mindenről a Covid ugrik be. Nem tehetsz ellene semmit, sőt! Bemutatom a *hárítás* szépségeit.

Belépsz a vásárlótérbe. Zöldségek. De jó, végre semmiről nem jut eszembe itt a Covid... és vége. Rohadjon meg. Ilyen a jobbféltekés PTSD. Kívülről rezignált, sőt boldog és kifejezetten szép, kerek, érett asszony vagy. Belül meg elkelne valami szoftverfrissítés.

Továbblépek... előttem egy férfi, kissé hajlott háttal, nyugodt léptek... Azt „akkurva" élet, hogy lehet ez? Megrázom a fejem – hess minden asszociációmnak! Megyek inkább tejért. De jó, hogy nem látok itt... Na, bakker! Már itt is a fejemben a kórházi menü folpackban. Majd a túloldal jobb lesz, ott fűszerek vannak. Milyen jó is volt régen, mikor mindent éreztem! Ja, tényleg! A Covid. Olyan rég volt eszemben. A pékségben. A hentesnél. A vegyiáruk között. A mirelitnél, mert arról nekem már valahogy a karon lévő véraláfutások jutnak eszembe, amit jegelni kellett. Majdnem bármit, amit teszel, csinálsz. Ebben az állapotban mindenről a Covid ugrik be.

Két dolog könnyített rajtam. Az *alkohol* eltávolított, és megállította ezt az állapotot. Nem javította, csak parkolópályára tette. A másik nekem a tanulás volt, pontosabban a *figyelemkoncentrá-*

26

ció áthelyezése olyan folyamatra, amely még nincs készség- vagy jártassági szinten. Magyarul: nem csináltad még, és nagyon oda kell figyelned, hogy mit is csinálsz. Sok befőttet készítettem, új és nehéz horgolási technikákkal ismerkedtem. Mindkét pont a *függőség* melegágya lehet. Olyan csendesen kúszik beléd és ver gyökeret az az édes mámor, hogy nincs traumád pillanatnyilag, hogy szinte drog. Kell még ebből az érzésből. Sok. Sok. Még több. Ráfókuszálsz, és mire észbe kapsz, már kettő bajod is van, mert a „film" csak „pause" állapotban, ellenben rákattantál valamire, amiről lejönni nagyon nehéz. Nekem a megoldás a folyamatosan visszamutogató környezet figyelgetése és a „multitasking" volt. Lehetek csak kicsit függő úgy, hogy sok mindenben vagyok szenvedélyes. Így sok újba kezdtem, ha már a filmet le akartam állítani! Nekem is kell pihenni! Azonban ezt a filmet én szeretném végignézni, hogy polcra tehessem a kedvencek közé, feldolgozva.

MORGÓ MARGÓ #6

Ma a trauma utáni elidegenedés folyamatába kukkanthatsz bele az én nézőpontomból. Azért, hogy felvedd a fonalat: ott tartottunk ebben a témában, hogy boldognak kellene lenned, rajtad mégis szomorúság van.

Olyan elviselhetetlen formában érzed azt, hogy téged senki, de senki nem ért meg, hogy bezárod a ház ajtaját és elküldesz mindenkit a... – szóval tova. Nem értik, miért nem lépsz túl és örülsz az életnek.

Én rendkívül könnyen teremtek kapcsolatot, miután 24 éve ez (is) a dolgom. (Sziaaasztok, kedves nyári szünetben csendben itt lógó drága végpontjaim! Hamarosan találkozunk! A főtéri lyányt – aki lányos zavarában letegezett – puszilom, és szia neked is, majd váltunk szeptemberben. Jó érzés volt fiatalnak lenni!)

Tényleg könnyen megy a kapcsolatteremtés. Szeretek tanítani is, tanulni is. Nagyon jó érzés hallani a teremben a megkönnyebbülést, mikor belépnek. Azt szeretem igazán, arra hajtok. A jókedv, a kedvesség, az ellazultság, a szeretet, az érdeklődés nyitja meg a figyelemcsatornákat.

Ennek ellenére, hogy ennyire nyitott vagyok, egy trauma után jobb volt némán bezárkózni. Egyfajta önbüntetés volt számomra. Itt, a Covidban én védelmi folyamatnak is tapasztaltam. Lehet, más traumájában is az, nem tudom. Érintve szeretek elsődlegesen. A Covid ezt vette el tőlem. Nem lehetett sem hozzám érni, én sem érinthettem, és még az is le lett fújkálva fertőtlenítővel. Épp az az érzés talált meg reggel: mit nem adtam volna egy igazi érintésért! Mindenki védőruhában, érthető okokból. Én pedig érintésre vágytam: arra, ami nincs. Ha emiatt átvisznek valami elmeosztályra, hát nincs messze. A másik érintéssel kapcsolatos élményem egy fertőtlenítéshez kapcsolódik. Épp tájékoztattak arról, hogy papíron is jól vagyok. Nagyon boldog voltam és közelebb kértem egyiküket, hogy megfoghassam a legfelső rétegű gumikesztyűjét. Tudod, a hála, a tisztelet, amit éreztem és érzek azóta is, leírhatatlan. Kellemeset tréfálkoztunk, majd mint a libasor mentek ki mindahányan, amikor a szobaajtó melletti fertőtlenítőt ő is megnyomta. Háromszor, mert egy kevés volt. Tudod, nap mint nap láttam ezt, és fel sem tűnt. De az aznapi kavargó érzések, érzelmek sokáig kísértek a fájdalommal. Tudtam, hogy a feladatát teljesítette jól ő is, és azt is, hogy ez az érzés bennem van és rólam szól. Abból, amit láttam és éreztem, számomra nyilvánvaló volt, hogy az elutasítás tükröződött. Látod, milyen fura a „valóság"? Úgy adtam neki jelentéstartalmat, hogy közben nem is az történt!

Miért fáj az elutasítás? Mit várok én kintről? Miért kell ezt kintről várni? Mi nincs meg bent? Önelfogadás? Önszeretet? Mit nem szeretek én magamban? Tudod, volt idő gondolkodni, de a kórházból kilépve ugyanez fogadott. Távolságtartás. Egy ember, aki így szeret, érintve, nem szerethet. Nem szerethetik. Jobb is, ha elmégy inkább, legalább nem fáj. Jó vagyok én magamnak is akkor, majd az szeret. Az érzést, ami rólad érkezik vissza, lehetőség szerint ne is lássam, érezni meg főképp nem akarom!

A könnyű kapcsolatteremtésem azonban új ismeretségeket is hozott. Érdekesen azok kerestek és én is azok társaságát igényeltem, akik traumán estek át és nem értik őket. Ki is alakult a „veterán-klub", ahol a téma már a szívritmusszabályzók, antidepresszánsok, vérnyomáscsökkentők, alvást elősegítők, szteroidok, hajhullást gátlók, vércukorszintet javítók. Életmódbeli változások, változtatások. Hiába, na, korral is járhat ez. Nem szükséges majd' meghalnod hozzá. Nem ajánlom. Valami nem végzetesbe kerülj bele inkább!

A rehabilitáló intézmény kiváló hely volt ilyen jellegű szociális kapcsolatépítésre. A célcsoport EGYBEN, csoportos foglalkozáson! Belibegtem fulladva, mert a lift derogál. Aznap ismertem meg több sorstársamat, illetve a gyógytornászokat. Egy másik klubtag akkortájt éledezett az intenzív után, és került szintén ide. Jó volt tudni, hogy nem vagyok én egyedül, csak hova lettek a nők? Mindegy.

Az elidegenedés annyira engem nem érint, mert ilyen vagyok. Szociálisan is érzékeny. Kapaszkodok, keresem a kiutat mindenből, gondolkodom. Sokat magamon, a folyamaton, ami bennem zajlik.

Azt, ami egy traumán átesett szerettedben, ismerősödben lehet, talán megértetted. A szeretet, az elfogadás, az értő figyelem, empátia az, ami segíthet a környezetedben lévőnek ilyen helyzetben szerintem, mert egyébként ő saját maga tehetetlen. Hidd el! Neked muszáj karba kapnod és kanapéra dobnod, intézkedned azonnal.

MORGÓ MARGÓ #7

Ezt a margót a maradványtüneteimnek szentelem. Nem igazán tudom, maradnak-e végül velem. Azoknak, amelyek engem érintenek, érintettek – egyelőre – inkább így mondanám. Előtte azért ismételjük át az eddigieket címszavakban! Tudod, „Cogito ergo sum"[2] – azaz „Ismétlés a tudás anyja!"[3] Na, erről lesz szó, de nehogy megjegyezd, mert nem ezt jelenti, bár biztosan tudod te is! A lényeg viszont benne van.

Olyan a fejed, mintha dobókockák lennének az eddigi tapasztalataid, tudásod, és jól megrázva, szívószállal és papíresernyővel kínálnak. Igazi bárjelenet, tele jéggel.

„Kép van, név nincs" Pál, tudod, a mentőtiszt, szóvivő a pandémia alatt, aki a „Maradjanak otthon!" felhívást mondta[4]. Megvan! ... Ja, ő színész. Milyen Pál? Megvan! Oh, ő énekelt, és úgy emlékszem, szomorú sorsa volt. Hogy jutott eszembe? Milyen Pál? Te már biztosan tudod, én most is böngészőbe írva keresem: tényleg, Győrfi.[5]

Volt egy számomra nagyon kedves beszélgetésem anyósommal, aki 85 éves, okos asszony, rengeteg gyógyszert szed már korából adódóan, többek közt emlékezeti tevékenységet közvetetten-közvetlenül javítókat is:

– Szia, Anita!

– Jó reggelt, drága anyósom!

– Hogy vagytok?

---

2 Cogito ergo sum – Renault Descartes gondolata. Jelentése: Gondolkodom, tehát vagyok
3 Ismétlés a tudás anyja! – ókori római közmondás
4 Erre gondolok: https://www.youtube.com/watch?v=UQOCgPtBYCk Dátum: 2021.02.15
5 https://www.gyorfipal.hu/ Dátum: 2021.02.21.

– Nincs semmi, jól vagyunk. Tegnap lekvárt főztem a... mi is a neve? Miben főztem? Nektek is van.

– Befőzőautomata.

– Ah, ez a sz(pszt!)r Covid...

– Anita! Ez már korral is járhat! Neked is szedned kéne... mit is szedek rá?

– Cavintont[6].

Ez nekem nagyon kedves emlék. Remélem, soha nem felejtem! A szótalálási nehézség még a „gonoszkodásomat" is megállította vezetés közben, parkoláskor. Mikor már elküldtem valakit a... mi is a neve? Tábla. Zöld. Nyilak vannak rajta, hogy merre kell menni. Na, a dühöm már el is szállt, így nem kenődött fel az útirány-előjelző táblára, képzeletben sem.

Emlékezeti tevékenység:

Vizuális-képi: kis rásegítéssel tudok lépést tartani memóriajátékban hétévesekkel. Hova is tettem a telefonom? Szuper, megvan! Hol a táska, bakker? Egyébként is szétszórt vagyok, azért nem fogok mindent a Covidra...

Auditív, hallás utáni: Édes lányom! Mit is mondtam, mit kell venni a boltban? Mit mondtál, mit kérsz?

Csengettek. Ki lehet az? Majd eszedbe jut, a saját gyereked jött haza, nincs kulcsa, pedig szólt is. Mindig naptár kell, hogy ne szervezzek terápiát fogorvosra, mert mindkettő rendkívül hasznos. Eddig ment anélkül is.

Úgy segítettem magamon, hogy megtámogattam minden fontos eseményt, megjegyzendőt több csatornán – eleve így hatékony tanítani is. A bevásárlólistát színes filccel írtam, mert már az is kell. Felolvastam a gyermeknek, akit vittem magammal. Láttam, hallottam, írtam. Az ebédet elképzeltem fejben. Mondogattam a gyermeknek hangosan: a listát a táskámba tettem, a táska a vállamon. Ma pörkölt lesz, húst kell venni.

---

6 https://drheidari-clinic.com/lekarstvo-kavinton-ot-chego
Dátum: 2021.02.16.

Aztán rájössz, hogy az egyik nap jobb, másik rosszabb. Kiderül számodra is, hogy a részképességek akkor meglehetnek; az elérési útban lehet hiba, vagy az „input" rosszabbodott, pl. a figyelmi tevékenység. Egyébként is nehéz emlékezni a semmire, mert az agyad perszeverál, beleragadt a múltba és arra emlékszik – tudod, körforgalom. Leköti az erőforrást. Schedulálás meg nincs, azaz váltani nem tud a folyamatok között.

Érzékelés-észlelés:
Szagok vannak már, de nem a régi, és érdekes módon, furán térnek vissza. Pulzáló, hullámokban jobb-rosszabb. Egyes szagokat kikerül, míg mások élesebbek.

A főzés pl. elég rázós. Egyrészt felrakod a kaját, majd elfeledkezel róla. Reménykedsz, hogy nem romlott a hús, amit megvettél. Leég, de akkor sincs szag. Arra jársz, de fel sem tűnik. Egyszer csak ránézel: „Hú, Ancsika! Csak főzöl innentől, mást semmit se!" Szóval vannak gondok. És nem is gondolnád, mit változtat még meg...

Az ízek sem a régiek. Szeretek főzni. Jó sós lett minden és fűszeres, mert így éreztem jónak... Én már attól is elsírtam magam, hogy egy vásárolt grillcsirke túl sós. Éreztem. Aztán változik újra, és bizonytalanságban tart ez a fluktuáció. Sosem tudhatod, éppen milyen az állapotod, szükséges más visszajelzése: szagoltatni, kóstoltatni kell.

Az alvásproblémáim nem újkeletűek. Javul. Tegnap pl. azért sírtam, mert elaludtam. Boldog voltam. Egy éve is van, hogy megesett velem ilyen. Sokszor ébredtem, a visszaalvás pedig nehéz volt vagy lehetetlen. A mélyalvásom rövid. Gondolom, a „körforgalom" miatt. (Nos, utólag jegyzem meg, nem csak ez volt az oka.)

Vannak post-Covidban, akik a testükkel küzdenek, nem gondolatokkal és érzelmekkel. (Nos, utólag jegyzem meg itt is, hogy nálam is találtak fizikai okot.) Szerinted egy maradandó, rossz tüdőkapacitás miben változtathatja meg az életed?

- munkahely, munkakör, foglalkozás
- szexuális együttlét
- lakáscsere, pl. lift nélküli 4. emelet
- sporttevékenység, teljesítmény
Szerinted az én tüneteimet mi okozza? Megmaradnak vagy helyrejön? Bizonytalanságban élni nem olyan rózsás.

Magáról a traumáról még szót sem ejtettem, csak a következményeiről. Fenekestül felforgat. Tényleg nem kell Covid hozzá. Más tragédia is érhet. Rájössz, hogy jobb lenne valóban élni. Átértékeled az életed. Számot adsz.

MORGÓ MARGÓ #8

Jó reggelt kívánok nektek!

Ma csak úgy vagyok. Tudod, az állapotommal járó aprócska *mániás kedélyprobléma* ilyen, egyszer picit fent, egyszer aprócskát lentebb. Van rá segítség. A gyógyszer csökkenti a lamentálásom, és itt van 10 kg uborka, figyelemelterelésnek.

Néha azonban jó elsüppedni pár pillanatra az önsajnálatban. Ilyen is kell azért, hogy legyen honnan újból megrázni magad, és ezredjére is saját tüzed hevén alakult hamuból feltámadni[7].

Decemberben még én sem tudtam, hogy főnix leszek és épp a törött szárnyam ápolgatják, hogy repülni tudjak. Kerestem az Istenem. Nem akartam én tőle kérni, sem adni. Elég volt az ágyam alá kuporodnia. Hálás voltam, hogy csökkentette a magányomat, és azért is, hogy olyan helyet talált, ahol még a madár sem jár, nemhogy a takarítónő. A lélegeztető és egyéb gépek áramforrása elég veszélyes és tiltott helye a felmosónak. Tiszta asszony. Belülről is. Jókat beszélgettünk. Tiszteltem a munkája miatt. Komolyan.

Békén hagyta Istent, míg elengedhetetlen volt.

Mikor az Istenemet kerestem, Ő maga jött hozzám, bár fogalmam sincs, hogy egyáltalán különálló entitás lenne-e, mert amikor Ő keresett és én mentem hozzá, mást tapasztaltam. Valahogy a szívben elbújva lakik, és a fejedet tágítva válik érezhetővé. Én nem templomban találtam rá. Pontosabban templomban, csak ez mindenki maga, szerintem. Az ágyam alatt hagytam az egyik darabkámat. Jól jön az még ott, a lélegeztető áramforrása környékén.

---

7 Főnix:http://ebredezok.hu/2015/08/fonix-a-tuzmadar-mint-szimbolum/
  dátum: 2021.02.16.

A szürke zoknimról álmodtam. Pontosabban csak eszembe jutott éjjel. Biztosan azért, mert majd' 30 kézpáron összesen napi 180 kesztyű is fogdoshatta. 17 napon át egy kopott talpú, szürke, ezeréves, sportüzletes egyed. Vajon miért nem hozattam be újakat? Talán nem akartam túl sok égetni valót magam után vagy magammal együtt. A remény azért csak éledt bennem, mert mást kértem, és egyre több, égetésre váró cuccom sorakozott körülöttem. Újság, fonal, könyv. A megítélésem már nem múlt a zoknimon. Láttak ők már többet is.

Csapongok itt, de ez is velem jár. Azon gondolkodom épp, milyen jó, hogy nem öltem meg magam március 7. előtt *sem*, mert én aznap szembesültem azzal, hogy a felületesen eltervezett, csendes és lassú némulásom elég szökőkútszerűen gyors, és sok takarítást igénylő exitálás lett volna. Kiderült ugyanis, hogy a csuklómon lévő véna (amit kinéztem) igazából artéria. Hiába, na, hülyén bántani magad szégyen. Mindenképp szégyen. Inkább lemondtam róla aznaptól. Sok tanulni való van. Hálás voltam annak is, akitől ezt megtudtam, és azoknak is, akik nem javítottak ki. Egy ember jutott eszembe, aki minden szorongásgátló pirulánál többet ért, mikor kissé irulva-pirulva, de önironiát nem mellőzve meséltem neki, hogy kb. 70-es szaturációval és nyugtatóval hogyan mentettem volna magam a haláltól a biztosan odavezető úton, tanácsokat, nézőpontokat adva a világ legnyugodtabb orvosának. Jót derültünk együtt, és ez mindennél többet ért! Saját tapasztalom azt mutatja, nagyon ritka esemény, hogy nem magadat mented úgy általában. Szerencsémre, akik mellettem voltak ebben az időszakban, tudnak menteni; tudták, mit kell tenni. Nekem elég volt nem tudni, csak lenni. Tudod, a jó mentálhigiénés hozzáállás egy emberhez hihetetlen erőt ad! Én ezt nem feledem.

Na, a boldogságpirula most is megérkezett. Kedves emlék, mosolyra fakaszt. Mondanám, hogy tartozom ennek a pirulának a jókedvért, empátiáért, figyelemért, perfekcionizmusért, szeretetért, engedékenységért, és a jó pár liter oxigénért, amit az állapotom mellett a tükörképem szerint igencsak megérdemelt a szépségem is, amolyan asszonydolog. Szeretném egyszer

jóllakatni is valahogy egy karácsonyi menüvel, mert szeretem étellel kifejezni a köszönetemet. A tartozás érzése azonban átalakult bennem. Inkább csak mérhetetlenül hálás vagyok. Mindenkinek, aki aznap is, és másik 16 napon is hátán vitte az én szépségemet. Van úgy, hogy magad képtelen vagy, mert elestél. Mindez a csuklómról jutott eszembe. Szép sebhely van felette. Ha ránézek és mosolygok, ezért van.

MORGÓ MARGÓ #9

Korai, és a szokottnál csípősebb a reggel. Imádom. Jön az ősz. Felborzolja az érzeteimet, amik amúgy is elég szenzitívek... Hogy nem tudja abbahagyni? Tiszteletben tartom a véleményedet. Néha én is unom magamat. Most képzeld el, hogy vele élek! Legyél már együttérzőbb, kérlek! Köszönöm, hogy eddig is velem voltál. Digitális forma esetén tuti van egy gomb vagy ikon, amit megérintve az ujjaddal egyszerűen tudod kezelni a kapcsolatunkat, ahogy neked tetszik. Bezárhatsz! Ha papíron követsz, egyszerűen csak vágj a sarokba! Nos, ezt oldotta még meg a traumám. Nem kizárólag nekem egyébként, többekkel beszélgetve is hasonló tapasztalatok gyülekeznek. Legfőképp azoktól, akik már tényleg túl vannak rajta, és elfogadták a változásokat magukban. Új erőre kaptak. Tesznek magukért.

Egyszerűen rövidre zársz mindent (nem bántva). Ami téged nem szolgál, nem fejleszt, elválsz tőle. Életre kelsz! Tisztelettel meghallgatsz mindenkit. Megérted a véleményét. Eldöntöd, hogy a nézőpontját asszimilálod-e vagy sem. Rendezed a kapcsolataidat. Langyos vízben nem tespedsz tovább. Megmutatod az érzéseidet.

Megmondom őszintén, van olyan, ami fáj. Fáj rádöbbenni, hogy ez most már nem a te helyed, nem a te közeli ismerősöd, közeli kollégád, közeli barátod. Távolodik. Nem véleménykülönbségről van szó. Nem egocentrikus felfogásmódról, nem nárcisztikus személyiségjegyről. Magadról van szó, és arról, hogy azokat a kapcsolatokat táplálod, amelyek mindkettőtöknek jók, és úgy, hogy mindkettőtöknek jó legyen. Tiszteletben tartod, ha valaki téged nem szeretne, magad pedig annyira, hogy elfordulsz kicsit attól, aki neked most nem jön be. Átalakulnak a kapcsolataid. Leválnak a régiek és lesznek újak. Jobban becsülöd az apróságokat – mint egy mosoly, egy gesztus, az együtt töltött és a rád fordított idő, a figyelem és tisztelet. Adod-kapod. Kölcsönös. Nem ácsingózol senkiért. Tartásod van, de nem gőg. Sarkadra állsz. Van, hogy durvábbra sikerül a véleményed nyilvánítása, de törekedsz a gyengéd módra. Senkit nem bántasz. Ha nem, hát nem. Attól még szereted, elfogadod a döntését. Ha eddig nem tetted, felismered a hibáid. Elfogadod és tudod, hogy javítható minden. Tudod, hogy csak hibák addig, amíg nem vétkezel. Mindenben inkább a szépet, jót látod, de észreveszed a neked nem tetszőket is.

Az alázat, elfogadás a mindennapjaid része lesz, és te egyre nyugodtabb leszel. Nem háborogsz. Csak csendben fogadsz.

Ha már a csendnél vagyok...

Gondoltam, hogy ma nem írok. Nem sikerült megugrani. Gondoltam, ma nem is gondolok a margómra; nem sikerült megugrani. Megértettem. Nem tudok csendben lenni még, de érzem, hogy könnyebbülök. Türelemmel, gyengéden magammal is. Lassult a körforgalmam.

Amikor beáll a traumád utáni állapotban az újabb, megváltozott, ismert személyiségrészeid elfogadása vagy magának a traumádnak és következményeinek elfogadása, egyre inkább megbékélsz. A környezeted valahogy letisztul. Leegyszerűsödik az életed, mert nem bonyolítod magadnak. Összetör, felkavar, leválik, ülepedik, új épül. Legalábbis én ezt tapasztalom, de nagyon apránként. Lassú folyamat nálam, és fogalmam sincs, hogy másnál is ilyen-e.

Nem igazán hat meg mások ítélete. Megértem én. Ha kéri, alákarolok. Tudom, nekem milyen volt, amikor elesett voltam és alám karoltak. Ennyi. Kérjed. Merd kérni!

Mindezek közben rengeteget hibázok. Felismerem, és törekszem a célomhoz. Ettől szép.

Ez vezet az én belső szabadságomhoz. A tiédhez vajon mi fog?

MORGÓ MARGÓ #10

Olvasok egy könyvet. Mondjuk, többet is, tudod te. Azt mondja, de várj egy kicsit, előkapom, nehogy úgy járj, mint egy bármikori osztály, akiknek hülyeséget diktáltam le 8. órában, mindezzel pedig egy dolgozatban szembesültem! Egy megtekintett tartalomról mindig gondolkodj el, kérlek! Kételkedj! Az visz előre. Soha semmit ne fogadj gondolkodás nélkül! Hidd el! Tanár vagyok. Amennyi hülyeséget én már lediktáltam, lehet, pont itt is vagy. Lapozz vissza, édes! Gondolkodj! Visszalapozok én is a legelejére.

Idézem:

„A klasszikus buddhista irodalom tanítása szerint az ember öt nagy egymással összefüggésben álló összetevő, az öt pszicho-fizikai alkotóelem összességének tekinthető. Ez az öt összetevő a tudatosság, a forma (ide tartozik a testünk, valamint érzékszervi képességeink is), az érzetek, a gondolatok és a különböző indítékok."[8]

[ISBN 978-963-479-564-3]

Érd be, légyszi, ilyen trehány hivatkozással; gyenge pontom volt minden egyetemen, főiskolán. Akit érdekel, az ISBN mindent elmond neki, másnak meg hiába firkálgatom. Ez már lehet, hogy így marad! – mondom, ahogy a pszichológusnál, egy nekem nem igazán tetsző részemről beszélgetve azt mondta:

---

8 Padmaszambhava (mitikus szerző), Tibeti halottaskönyv, A bardó tanítás nagykönyve (Szenzár kiadó), ISBN 978-963-479-564-3
A Dalai Láma előszava, 9. oldal. Az előszót fordította Mirczik Bálint, Sambhala Fordítóműhely

– Ez elfojtás.

– Nagyszerű, ott marad!

Lejjebb nyomva vagy két szintet. Azóta békésebb vagyok már, de felkavart rendesen. Veled is megeshet, de szebb és nehezebb dolog nincs is, mint önmagad elfogadását és fejlődését kísérni. Nincs kész. Ráérek. És szükséges volt hivatkozni is. Látod? Kénytelen vagyok változni, alkalmazkodni.

Azt mondja a férjem februárban, amikor már teljesen elveszett – csakúgy, mint én saját magamban – a sok „nem tudom", „talán", „mégse" kifejezésektől, hogy „Neked életközepi válságod van" (midlife crisis). Totálisan lefagytam tőle. Lehet, hogy élménybetörésem volt? A válsággal nem volt semmi bajom, de életközepi? Jóval óvatosabb lettem az ilyen kijelentésekkel: életközép, középkorú. Olyan beképzelt ilyet kijelenteni egyéni szinten nekem. A lényeget értettem egyébként, és imádtam, hogy szeretne segíteni. Programozó. Megbolondítja a sok-sok mindenség, ami velem jár. Megőrjítette a statisztikák és a túlélési esélyek százalékban kifejezett hiánya. „Nem tudok túlélési esélyekről nyilatkozni!" Pedig annyi szám volt már kettőnk közös életében, de hogy is mondhattak volna bármit?

Miután racionális, „éles kés a fiókban" (tudod, vág az esze)[9], szeret is, kétségbeesve vitte itthon a háztartást, gyereknevelést. A jó öreg számok hiánya miatt azonban nem tudott fejben mindent kiszámolni, még Isten létezését sem, nemhogy az én életben maradásomat. Nem tudhatta, hogy a számokat pont a hit forgatja véleményem szerint, de érezte. Racionális, de esténként, mikor elcsendesült a ház, imádkozott. Valamibe kellett kapaszkodnia.

Nos, ezt adta a Covid. Nekem aprócska gyökeret, amely inkább keletre húz bő egy éve, de nyugaton szocializálódott, neki pedig egy-két kósza gondolatot ültetett.

---

9 Brit idiómából átvett magyar szókapcsolat nyomán: nem a legélesebb kés a fiókban

Valami eklektikus egyveleg van bennem, ami a jelenlegi nézeteimet illeti. Nem könnyű érzékeltetni. A fenti könyvrészletből nekem az jött le: magunkért ezzel az öt résszel felelünk felnőtt emberként. Azzal kapcsolatban, ha ez nem jön össze, egyelőre hatalmas káosz van a fejemben. Szóval tisztul még ez majd, ahogy telnek a napok. Ha eddig nem aggódtál volna értem, szívesen. Legalább beállt a Popper-féle előadásokból könnyen elolvasható szorongás és félelem közti differencia, miszerint mindkettő végül is egy érzet, a szorongás esetén nem tudod az érzet okát.[10] Most megtudtad, tehát már félhetsz.

Az én Istenem, Teremtőm vagy Nagyobb Rendező Elvem közeli, nincs félnivalóm. Érezhető. Szeretettel teli, egy icike-picike, aprónyi, porszemnyi kis részei vagyunk az alapján, ami épp most alakul bennem. Nyitott vagyok egyébként minden másra is. Az viszont biztos, hogy úgy érkeztem tavaly valahova, hogy egyhelyben feküdtem a kertecskémben. Csak fogalmam sincs egyelőre, hogy hova. Kinyílt a szív, megváltozott az érzékszervi tapasztalásom, kapu nyílt bennem, és „hadd szóljon" volt. Utána meg jött a dekódolás, az értelmezése a kapott képeknek. Nem igazán tudom leírni, hogy zsugorodott egy pontba az élet, pedig a szóbeli kifejező képességemmel nincs probléma. Leírhatatlan.

A szívem tiszta. Ez a lényeg szerintem. Mindegy innentől, milyen a hit, van-e neve vagy sincs. A szív legyen tiszta. Az szinte mindent megold szerintem. Törekszem a jóra, de nem esem kétségbe túlontúl a feketébb foltoktól sem. Nem jó ember vagyok én, hanem törekvő a jóra. A gyerekkorban is van rosszalkodás, nem? Vagy a tied nem szokott ilyet? Maga a gyerek mégis „jó" szerintem. Esetlegesen nekem nem tetszik a viselkedése. Azután ő is törekszik a jobbra. Vagy ebadta kölyke, és teszi a dolgát! Örülj, hogy látod és érzed!

---

10 Popper Péter: Lélekrágcsálók (Kulcslyuk Kiadó 2010)
   ISBN 978-963-89026-2-7, 31-32. oldal

MORGÓ MARGÓ #11

Az élet próbálgat, így ma a tükrömet, annak egy pici részét szeretném megmutatni nektek. Nem tudom, mennyire sikerül, mert ez az én tükröm. Keress rá, ha érdekel, írd bármely böngészőbe: a tükör törvénye![11] Figyelj azért a tartalomszűrésre, ne fogadj semmit gondolkodás nélkül! Keress minél hitelesebb forrást! A gyerek meggysörös üvegbe lépett szűk két hete. Kiment a garázsba, a befőttek miatt földön hagyott felnőttüdítők a polc előtt sorakoztak. Annyira koncentrált másra, hogy felrúgott egyet és bele is lépett. Természetesen papucs nélkül. Apró gyerekbaleset volt, bárhol előfordul száz figyelmeztetés ellenére is.

Az első alkalommal a sógornőm kísérte a sebészetre, hálás voltam neki. Több dolog miatt is az vagyok. Nővérem lett nekem, sokat tanulok tőle. A kontrollra már én kísértem a fiamat. Szorongással telve, de eseménytelenül zajlott bennem. No, nem a gyerek miatt aggódtam, erős srác ő. Élménybetöréstől tartottam. Az ezeket követő varratszedésre már sokkal lazábban érkeztem, de figyelgettem azért magam, rekurzív módon. Nagyon rendesek voltak, nagyon. Már hazaindultunk, amikor bennem felszakadt valami. Egy seb, miközben egy másikat ápoltak. Miután a tükör természetét kezdem ismerni, tudtam már: magam lesz az, ami miatt belül zokogok, de tartottam magam az autóig.

Jót beszélgettünk, amikor elmeséltem, hogy morcos voltam, hogy papucs nélkül flangált, ő pedig nézőpontját tekintve megismételte a tényt: a földön voltak az üvegek. Felnőtt emberként teljes mértékben egyetértettünk. Kiléptünk, és én elkezdtem kutatni magamban. Mi volt a baleset valódi oka? A befőttek, ami-

---

11 http://www.gorothna.hu/olvasnivalo/a-tukor-4-torvenye.html Dátum: 2021.02.16.

vel én kikapcsolódom, leszorították a polcról az üvegeket. Hiba. Hibáztatás. Elpicsogtam magam, mert eltűnt valahogy belőlem az a pillanat, amikor megbocsátottam magamnak a hibáim miatt. Nem találtam. Sehol. Erre mutogatott ez a reggel nekem. A poszttraumámra, a szétesésre. Összekapom én magam azonnal, mert amíg érzelmileg ennyire megérint, nem látni rá. Tudod, a könnyektől sem, egyébként sem... Poszttraumás vagyok, és épp szét vagyok esve. Nem látszik kívülről, elég jól kompenzálok. Belül van vihar. Az életem kb. 46 éves koromig önhibáztatásból állt. Nyilván a környezetemben is ezt erősítettem fel. Érzékeny vagyok, és amíg az önbecsülésem, önelfogadásom, önszeretetem nem változott, sértődékeny is. Jelenleg a 48-at élem. Épp most. Azt hittem, megléptem már, és felhagytam ezzel az önpusztítással felérő gondolatmenettel. Rádöbbenni, hogy ez is összeomlott bennem és kavarog (tudod, poszttrauma), hogy is mondjam, nem túl kellemes élmény. Tényleg, most már megengedem magamnak a düh és szomorúság projektálását: k(pszt)va Covid, roh(pszt)na meg. Miközben tudom, hogy köze sincs hozzá, magamra vagyok dühös, magamtól szomorú. Hiba hiba hátán. Mind javítható. Ja. Ha egyszer belekerülsz, meg fogod érezni a súlyát. Ha benne vagy/ voltál, már értesz is.

Hibáztattam én már magamat sok mindenért: itt felsorolás jönne, de nem lesz. Elég annyit tudnod, ha a gyerekeim jobblétéért nekem hibát kell javítanom, akkor ki lesz javítva. Nem tudok leállni a megfejtésig, amit szükséges megtalálni a változtatáshoz. Keresem a kulcsot. A kulcsokat az ajtókhoz, megoldásokért. Javítom sorra a hibákat és most fáj, hogy elvesztem magamban, mert kemény menet volt ez a megbocsátás magam felé eddig is. És szerintem csakis a megbocsátás vezet célba itt. Lehet kezdeni elölről.

Gondoltam, megbüntetem magam az önbüntetés miatt. Erős lett a „deadlock" szag. Tudod, a kibogozhatatlan. Szóval önbüntetés témakörben takarítani kellene, de inkább átadtam magam a nyári szünet entrópiájának. Nincs büntetés. Stabil nyugalmi helyzetben hagyom az otthonunkat. Te is megnyugodhatsz. A reziliencia nálam hullámokkal jár.

MORGÓ MARGÓ #12

A gyerek miatt – nem a sörös, a kicsi – ma a kórházi ágy forgott a fejemben, kettőnk közös hajnali szenvedésében. Hiába széles és nagy, valahogy mindig összegubancolódunk benne valami kis szeretetgombóccá. Hol a hátam a támla, hol a hasam a párna, hol a lábát veti át rajtam, hol a nyakamon, hol a lábamon van. Én már nagy levegőt sem veszek ettől, mert ez a legszebb ágyikóm.

A kórházit is szerettem. Úgy ismerkedtem meg vele, hogy benne feküdtem, úgy majd' meghalva, így javaslom, kivételesen csak hidd el nekem, ne tapasztalj!

Az első emlékem ezzel kapcsolatban, ahogy hátradőlök benne, ruhátlanul. Fúú, de mérges voltam! Ha ott lett volna mérgem tárgya, valószínűleg ő kapta volna a következő pillanatban a nyugtatót. Erőm azonban már csak a leggyengébben volt: a torkomban. Minden más kiterítve. Épp földeltek le zsinórokkal a talajra, ahogy kell. Katéter, tappancs, katéter, szaturációmérő, sebhelyek gyártása mindennel a mentés miatt, hogy lehetőleg literszám dőlhessen a véráramba a gyógyító szándék, így elengedhetetlen lesz a központi vénakatéterem helyén lévő hegről is írnom, de tudod, az majdnem szívig hatolt, így még nem megy. Viszket a frontokra.

Az ágyikómban a korulményekhez képest hamar rájottem, hogy kényelmes hely. Azt gondoltam, azért alszom jól benne, mert csak az enyém. Én minden reggel, amikor már tudtam, ezt írtam: „Jól pihentem. Jobban vagyok." Úgy állítottam, ahogy tetszett, miután már odáig eljutottam, hogy érdeklődtem egyáltalán a környezetem iránt valamennyire. Pedig nem vagyok egy zárkózott fajta.

„Megemelem az ágyat, a feje lentebb lesz!" Fogalmam sincs, ki mondta. Nem is lényeges. Az orosz szótár ugrott be, amit a kiságyak lába alá tettünk bukás ellen, csak pont a fej alá. Bántam is én, de nagyon jó érzés volt, hogy megkérdeztek, közöltek. Egyrészt olyan volt, mintha választhattam volna, másrészt a hatalmas félelem bennem egy kicsit oldódott, hogy tudtam, mi következik. Poppernek a determinisztikus életről szóló előadása jutott eszembe. Olvasd el te is, ha érdekel. Arról értekezik, hogy vajon az egyén választja-e a sorsát, vagy van döntési lehetősége a földi létben. Arról, hogyan választunk magunknak sorsot. Itt hivatkozom rá.[12]

Ha lett volna agykérgem, sejtszintig végiggondolok én mindent akkor is, de sajnos ezután már nem volt az sem. Megjelent Ancsi kontrollfunkciók nélkül. Néha azt hittem, űrállomáson vagyok. Kikérdeztem magamat is, a dokit is, hogy mi újság. A lényeg annyi volt kb., hogy „Ki vagy te, és hova megyünk?". Ahogy végtelen türelme kirajzolódott a Covid-jelmez alól – nem zaklatlak a jobbféltekés asszociációimmal, úgyis az enyém, és Jung kell hozzá[13] –, eszembe jutott a csend. Nem az, amely téged vesz körül. Az, amely belőled jön. Meglesz nekem is, csak tudod, már írtam. Gyengéden magammal is. A sors iróniája, hogy épphogy megérkezett hozzám a gondolat erről, el kellett altatni picit. Egyébként is háttérben futó szál volt, közben különálló lényként funkcionált a torkom.

– El kéne altatni egy picit!

– Sok a duma, mi? – vágtam rá, önkritikát gyakorolva.

Az óvatosan kikéredzkedő „Neeem" mögött hallottam egy aprócska, kedves mosolyt, ami nagyon tetszett, de végiggondolni nem tudtam már, mert könnyű és mégis mély álmot sóhajtott felém valaki, hogy majdnem szívig menjen a sok cső. Mire éb-

12 Popper Péter: Hogyan választunk magunknak sorsot? Válogatás Popper Péter előadásaiból (Kulcslyuk 2020) ISBN 978-615-5932-48-9-193, 242. oldal
13 Carl Gustav Jung pszichológus asszociációs tesztjéről ezen a linken olvashatsz Zay Balázstól: http://imago.mtapi.hu/a_folyoirat/e_szovegek/pdf/(13)2002_1-2/044-65_Zay-B.pdf

redtem, szinte egyedül voltam. Azon merengtem, vajon álmod-
tam-e végig? Úgy döntöttem, igen. Ez egy álom volt. Tudod, az
érzékelésem fura volt; lehet, hogy a sokk miatt. Magamtól meg
most nem kérdezgettem sokat, mert egyszer megtettem, és vá-
laszt is kaptam. Nem mindig az van ám magaddal kapcsolatban,
amit te hiszel. Inkább ezt az élményt most elkönyveltem álom-
nak. Pihenésre vágytam. Rettenetesen fáradt voltam.

Ma is elaludtam. Érzem az őszt. Annál szebb nekem nincs is!
Olyan „fall in love" mindenhogy. Örülök, hogy látom.

MORGÓ MARGÓ #13

Ma a központi vénakatéteremről kellene írnom, ezért ezt inkább kerülve mégis valami másról fogok. A halogatás-hárítás, ugyebár...

Ezekben az poszttraumás időkben találkoztam olyan emberrel is, akivel jellemem ellenére nem tudtam kapcsolatot felvenni, és nekem mindig a saját gyerekem jutott eszembe erről. Ő F84.0 volt négyéves koráig. Utána F83H0[14] lett papíron. Boldog, tudatlan szülőnek kellett hat hónap, mire rájött, hogy csak a bocit festették át, attól az még ott van, meg kell oldani. Az már rólam szól, hogy nem tudtam elfogadni, elhinni, míg meg nem tettem minden tőlem telhetőt érte.

A fejlesztési módszereket, szakirodalmat, gyógypedagógusokat alaposan tanulmányozva meghatároztunk egy fejlesztési célt. Egy ilyen esetben 0-24 óra egy nap. Kénytelen vagy te is felállni a saját kanapédról, nem elég a heti 1-2-3 óra. Nem következetes. A gyerek nagyon jól megvolt a saját világában, mi meg fel akartuk venni a kapcsolatot vele. Ki mást is választhatott volna szülőknek, ha nem minket? A férjem racionalista, én meg olyan könnyen teremtek kapcsolatot, hogy elég egyet pislognod. Ehhez a feladathoz azért kellett eleget. A fejlesztési módszereket keresgélve első körben nem találtuk meg a számunkra megfelelőt. Tudod, az égvilágon senki nem értette meg őt kommunikáció hiányában, csak mi. Most meg hirtelen ezt kellett volna állítólag elvennem ahhoz, hogy beszéljen? Mintha az én kórházi félelmemben nem szóltak volna hozzám, csak csinálnak mindent anélkül, hogy tudnám, mi fog történni. A létbizonytalan-

---

14 BNO kódok a pervazív fejlődési zavar és az autisztikus spektrumzavar diagnosztikájában.

ság hatalmas félelem. Így végül el sem kezdtem ezt. Az egyetlen pontja voltam. Hogy is tehettem volna vele ilyet? Egy másik, gyengéd módszer viszont nagyon megtetszett. A gyerek figyelmi tevékenységét figyeltem és vele voltam. Bejött. Bejutottunk a kis világába és kiderült, hogy jók voltak a megérzéseim: egy tünet volt. Minden perc megérte, hogy átélhessem ezt. Nagyon ügyes gyermek, szárnyal. A miénk. Szövegértéssel, auditív figyelemmel, emlékezettel és még hasonlóan egyszerűekkel játszunk a hétköznapokban, hogy megmutathassa kiváló elméjét. Együtt. Mintha semmit sem csinálnánk. Úgy a jó. Így lettem jóval később fejlesztőpedagógus.

Nos, úgy gondolom, nekem való lesz ez az út most is, csak nem a gyerekkel kell feladatni a rögzülteket, hanem magammal. Nem tetteket kell módosítani, megszüntetni, újat kialakítani, hanem gondolatokat. A figyelmi tevékenységnek több apró gyökeret adni a körforgalom, a perszeveráció és a sok negatív gondolat miatt. Látod, milyen jó a figyelmedet magadra összpontosítani? Én sok megoldást találtam már így. Ránézek valakire, eszembe jut valami, amit én erősítek fel, mert nekem van arra szükségem, amit épp látok.

Csak rájöttem közben. A módszertan ismerete, az eddig megtanultak segítségemre lesznek beállítva a depressziómon való felülkerekedéshez.

KICSIT SE MORGÓ MARGÓ #14

Felébredt a kicsi. Kipattant a hitvesi ágyból, és azonnal az új gyerekórájához szaladt. Felvette. Komolysággal ránézett és közölte:
– Három óra van!
Futott az apjához a gyerekágyba. 6:15 volt. Elmosolyodtam. Hányszor kevertük össze felnőttként is a mutatókat fáradtságunkban az ikrekkel éjjelente. Olyan „never mind" volt, hogy épp éjfél múlt-e 10 perccel, vagy hajnali kettő van.
Szóval 6:15-kor, azaz 3 órakor mosolyra görbülve ébredtem én. Gyönyörű, ahogy az időbeliség, mint fogalom, kialakul a gyerekedben. Tegnap, ma, holnap, reggel, este stb. Nem tud még mindent, és én meghagyom boldognak.
Ezt adta még a Covid. Egyre több embert tudok meghagyni boldognak. Ha tudod, hogy ez igazán mit jelent és mosolyra görbült a szád sarka, neked is jó reggelt kívánok – csakúgy, mint mindenki másnak!

KICSIT SE MORGÓ MARGÓ #15

Tizenegy órát aludtam. Este, olyan 6 körül próbáltuk kis szundira rávenni a kicsit, mert már tűréshatáron volt. Jól sikerült. Ő egy percet sem aludt. Egyszer ébredtem, olyan hajnali egy előtt. Megállapítottam, hogy korai ébredni, és tovább pihentem. Ha tudod, hogy ez igazán mit jelent, neked is jó reggelt kívánok, csakúgy, mint mindenki másnak!

Ma a lila takarómról írok. Úgy maradt velem, hogy nem engedtem. Nekem valaki, aki jobban tudhatta, azt mondta, vigyek ilyet, így szorítottam benne a lelket is. A végére már annyi folt volt rajta, ami fertőtlenítő, vér és popsikrém nonfiguratív festménye volt, hogy a segítőm tuti elkéri elemezni, ha teheti. Volt rajta ételfolt is. Ágyba reggeli, ebéd és vacsora. Mikor volt ilyen? Pedig jó sorom van. Komplett SPA is lehetett volna az oxigénnel. Azért ne próbáld ki, ha lehet! Vizitre mindig megigazgattam ezt a takarót, ahogy és amikor már tudtam: összepakoltam. Fogalmam sincs, ki vette észre a csatot a hajamban, és mikor. Akkor fordult meg bennem először az aprócska életenergia – és nem csak gondolat, hanem szándék szintjén is, hogy kellene egy hajkefe. Ez a minimum. Akkor lett fogkefém is. Addig egyébként is hiába lett volna bármi. Így lett utána popsikrém, sampon, balzsam, testápoló és miegyebek. Rögtön az elején lett új szekrényem, és szívószálas sportkulacsom katéterből, ami nagyon kedves emlék egy nővértől. Tudod, annyira fulladtam, hogy nem tudtam magamhoz emelni a flakont sem oxigén nélkül. Így könnyebb volt inni, mert a maszk alá becsúsztattam a szívószálat. Elkezdtem felfedezni a szekrényemet. Egy fiók, alul egy ajtóval takart polcos elem. Oldalán palack- és újságtartó a kényelem miatt. Bedugva a töltőm. Kezdett valahogy formája lenni a napoknak, csak eleinte nem tudtam hozzáérni. Tényleg kínszenvedés volt bármi után nyúlni, egyáltalán megmozdulni. A telefonom multifunkcionális léte valódi értelmet nyert. Aztán, ahogy „erőbbre" kaptam, elkezdtem kartávolságnyira lévő eszközökhöz érni. Tudod, mint a kisbabáknál. Pont úgy, ahogy a napirendet megszokja, megnyugszik. Csak ebből azután ki ne zökkentsd, mert kézzel-lábbal ellenáll! Ilyen napom is akadt. „Volt egy kis hiszti", ahogy aznap este átadáskor őszintén beismerve megbeszéltük egymás közt az aznapomat. Tudod, ez egy komoly osztály. Átadás-átvétel a műszakok között a következő műszaknak. Reggel és este is. Minden összefoglalva, és nem csak a fizikai test állapota, a lelki tényező is nagyon fontos! Együtt örültünk jobblétemnek, mert a remény csillogott mindannyiunk szemében, és tudtuk, mit jelent a hiszti. Ha van erő erre, akkor megcsinálható lesz ez!

Nagyon-nagyon kedves emlék. Hálás vagyok azoknak, akik láthatták, kísérhették és segítették azt a napomat is, amikor rugalmatlan voltam. Rossz napom volt, mi szépre fordult.

Tudod, ezen az osztályon nem lehetett császkálni sem. Nem is tudtak azok, akik ott voltak, de azt sem tudtad igazán, kik vannak ott. Én viszonylag jó állapotú voltam. A kórteremhez külön mosdó is járt, oda totyogtam ki egy hét után napi kétszer kísérettel, utána, jóval később, egyedül. Egyik ilyen séta ideje alatt hallottam meg egy szép dicséretet egy idegen hangtól, hogy szép takaróm van. Tudod, az ember társas volta... szíven ütött, hogy nem lehetett oda sem menni. Szívesen odaadtam volna azt a szép takarómat, hogy legalább megnézze. Ez a magány és elszigeteltség nehéz volt nagyon. Ez a szép takaróm így maradt nálam. Minőségi termék. 60 fokon is mosható és szárítható egyed. Anyósom extenzív szeretete egyik unokája felé. Kedves emlék. Biztonságot és kényelmet jelentett nekem ott. Valamit, ami otthonról van. Tartotta bennem azt, ami majdnem távozott.

A lényeg nekem ebből talán az, hogy az ember a foltjait csak ideig-óráig takargathatja, csakúgy, mint egy takaró koszolódásait. Előbb-utóbb kiderül, hogy milyen is tud lenni. A legnehezebb ezt magad felé beismerni. Beismerni a hibáidat, hogy bizony néhanap rugalmatlan vagy, morcos vagy, esetleg máskor dühös is vagy, ítélkezel, néha jólesik a pletyka stb. Néha fény derül egy-két foltodra, melyet takargatni felesleges is. Legalábbis engem nem hinném, hogy előre visz.

Legyen szép napotok! Ma sógornőm főz, a vacsora pedig tökfőzelék lesz. Anyósom imádja, és a férjem is. Megyek gyalulni.

KICSIT SE MORGÓ MARGÓ #17
(NA, BAKKER. A #16 BOCSI)

Tegnap patikában voltam. Tudod, az édességbolt helyett ez van nekem. Kiváltottam pár havi boldogságot és egészséget. Három tanítvánnyal találkoztam. Semmit nem változtak, ahogy én sem. Együtt szépülünk, közben szülők lettünk.

Kilépve azon gondolkodtam, mi volt a harmadik dolgom. Azon merengtem, tényleg kéne íratnom Canestent[15]. Ja, nem. Az egy emelettel fentebb lenne. Íratni sem kell. Aha, te csibész: Cavintont. Már eszembe is jutott, hogy anyósomhoz kell menni, mert épp neki vettem le az automatából készpénzt. Tudod, olyan érzés, mint a fogócska, „catch me if you can". Egyszerűen nem tehetsz róla, összekeverednek a szavak. Átlépek már az ilyen apróságokon. Több ideig tart, mint eddig tartott, de csak kifundálom, mi a keresett szó, épp hol kell lennem, és miért. Így anyósom után a következő állomás sima ügy volt. A parkolóban egy negyedik, nagyon kedves tanítvánnyal futottam össze:

– De jó mosolyogva látni!

Régebben is viszonylag sokszor összefutottunk, de most ahhoz képest rég láttam, és valóban megörültem neki(k) én is. Kilépett már rég a diákjelmezből, anyaként és ismerősként álltunk egymással szemben. De jó volt nekem is látni őket!

Talán erről jutott eszembe az anyaszerep.

Tudod, az anyaság is mindenki életébe úgy lép be szerintem, ahogy tud vagy akar. Az enyém jól meggondolta magát. Akadt orvosolandó akkor is, így 36 évesen szültem az ikreket, jó pár év lombik után. Aztán volt egy nagyvetélésem, lány volt. Volt egy másik is. Utána érkezett derült égből a harmadik, 42 éves koromban.

---

15 https://www.canesten.hu/

- „Úristen! Terhes vagyok!"
- Kitől?
- Hülye. Mit csináljunk?
- Hülye. Ingyen van.

Így lettem háromgyerekes (ny)anya. A kései végzettségemhez szükséges egyik gyakorlatomon odajött hozzám egy ismeretlen kolléga, bemutatkoztam. Azt mondja, ne haragudjak már, de nem tudja eldönteni, hogy szülő vagyok-e vagy nagymama? Semmi gond, néhanap nekem is nehéz, most tanuló kolléga vagyok. Nagyon szép emlék nekem. Én kedvelem az őszinte embereket. A mondandója pedig azt a gyönyörű napot juttatja eszembe a fával, amikor szültem.

Tudod, a lombikeljárások is megtanítottak elég sok mindenre. Ezt is tudtam most kamatoztatni, mert a vérhígító beadásának tanulása már csak laza ismétlésnek számított. Itt nem engedtek el recepttel! Meg kellett tanulni, és egyszer meg is nézték, meg tudom-e gyakorlatban csinálni. Egy drága nővér elméletben mondta el, mit kell majd tennem. Tizenegy év elteltével ezeket az előre felszívott szurikat nem kell légteleníteni. Máshova célszerű beadni, és más szögben. A bőrt már össze sem kell csípni rajtam, mert kövér vagyok. Ezt nem mondta, ezt én tudom. Ami nem változott, az a lelkesedés volt. Jött egy másik nővérkém, aki a gyakorlatot ellenőrizte. Na, lássuk a medvét! Az első kérdése az volt: „Te mit csinálsz?" Úgy meglepődtem, hogy csak nevettem. Óvatosan válaszoltam: „Fertőtlenítek". „Fúúújjad!"

Szakadtam a nevetéstől. Fújtam, bakker. Csak semmi spórolás azzal az egyszerre átkozott és áldott szerrel.

Azt mondja: „Aztán remélem, a tűről leveszed a kupakot!" Szerencse, hogy egyáltalán sikerült eltalálnom magam! Egyrészt rázkódtam a nevetéstől, másrészt a finomkoordinációm sem volt a régi. Na, jól van, beismerem: azért elég könnyű eltalálni engem. Szép kerek vagyok. A nagymozgásaim is suták voltak, de nagyképűség lenne azt mondani a mértékére, hogy ne találjak magamba bele. Még most is nevetek, ha erre gondolok! Tudod, milyen fontos egy helyzetben a szorongásoldás? Számomra elengedhetetlen az ilyen jellegű kapcsolódás nehéz helyzetben. Felszabadultak voltunk mindketten. Ismert már annyira, hogy tudja, engem megment a vicc. Boldogan készülődtem a családomhoz és ők is boldogok voltak, mert boldogság valakin segíteni.

De jó kedvem lett az emléktől is! Ha tudod, hogy ez igazán mit jelent, neked is jó reggelt kívánok, csakúgy, mint bárki másnak!

KICSIT SE MORGÓ MARGÓ #17

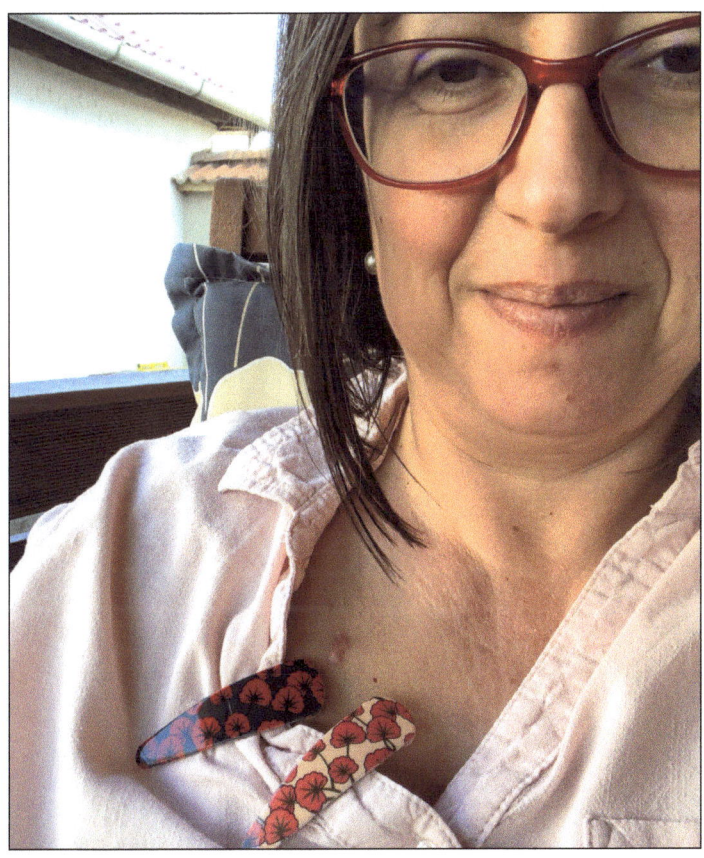

Központi vénakatéterem feletti heg a legszebb sebhelyem. Ha ránézek, már inkább mosolyra görbül a szám. Nem nagy heg, csak nekem. Gyökér lett. Valami, ami a szívből indul.

Ha tudod, hogy ez mit jelent igazán, és mosolyra görbült a szád sarka, neked is jó reggelt kívánok, csakúgy, mint bárki másnak.

KICSIT SE MORGÓ MARGÓ #18

Ma lecsónap van. Ez a második év, hogy tartom ezen a napon.

A néhai rokonom szülinapja. Ez a 7. ünnep nélküle. Háromszor számoltam le az ujjaimon hitetlenkedve. Annyira hirtelen – egy barátnőm terminológiáját használva – ment előre, hogy cirka 25 kg paradicsom, paprika és harmincvalahány csírátlanított üveg vár a hajnalomra a figyelemelterelés miatt. Engem ez kapcsol ki. Ilyenkor muszáj. Most épp este van – előre írok –, korai órán kiosonok a kishercegem mellől és nekiállok. Aztán leülök kávézni. Elmerengek, amit nem kellene, így újra nekiállok. Tudod, van itt mit feldolgozni a Covidon túl is, és érdekes módon tolul minden, lassan örvénylő módon, ahogy engedem szépen útjára amazt az egyensúlyért. Azt reméltem, hogy már túl vagyok sok mindenen, mégis törnek rám rég elfeledett emlékeim, vagy elfojtott érzések bukkannak elő, könnyeket csalva a szemem sarkába. Újra régi érzetek vesznek körül, amelyek már mentek könny nélkül, odagondolva... Nem is értem igazán, miért öntenek el, hisz' már feldolgoztam. Ez járhat a traumával, dezintegrációval? Nem igazán érdekel most, mert lecsónap van, azt pedig mi nagyon szeretjük, éppúgy, ahogy a rokont szerettük, szeretjük. Ha rá gondolok, azért már inkább mosolyra görbül a szám. A gyászfolyamat vele valahogy pulzáló és lassú, egyre ritkuló és csendesebb hullámokban rám törő emlékképek voltak egy-két kiugró, hirtelen és nagyobb intenzitású érzéssel tarkítva. Első, második évben a halála körülményei, utána ő maga (járása, hangja, személye) körül kóboroltak érzeteim a hiánnyal.

Nem tudom, te gyászoltál-e, és ilyen, ilyesmi volt-e? Valahogy a poszttraumám is ilyen, mint ez a gyász. Az elengedés folyamata.

Na, megyek kávét főzni. Gondolom, írnom sem kell, hogy ma lecsó lesz. Jól aludtam, és ez nagyon jó jel. Nem tudom, észrevetted-e, az üvegeim is szépségfoltosak a képen, ahogy én. Helyenként fel-felbukkan majd egy uborkás cetli a lecsó felett.

35 üveg lett a lecsó. Ilyen-olyan lapka, címke virít rajta, hogy lásd a foltjaimat, de mégse: csak közvetlenül fogyasztás előtt derüljön ki, hogy mézes, gyümölcsös, virslis, mustáros vagy uborkás kupak jutott; nem voltam rest piros, apró mintás vásznat venni rá.

Így járt az uram is 1998-ban.

Ahogy a mechanikus zöldségaprító lecsapott, a hangtálak jutottak eszembe és meg is állapítottam, pont jó lesz ez nekem a gondolatok megállítására. A szándék megvolt a gyakorlásra. Már tisztogatás közben is a jelenlétet, amolyan éberség meditációt[16] próbálgattam, legalábbis arra való törekvés volt bennem. Az előkészítés után jönnek a rávezető feladatok. Érdekes élmény volt, és nagyon nehéz. Abszolút kezdő vagyok. A lényeg, hogy akármilyen is volt a minősége és sikere, megnyugtatott a tevékenység. Az órám szerint nagyon, magam szerint is nagyon.

Na, amikor a belső békémből felpillantottam, jöttem rá, hogy a gyereket hamarabb elérte az intuitív oldal, így pakolni is kell. Nem a kedvencem, mert a belefektetett energia látszólagosan sem térül meg itt minálunk. Érdekes jelenség, hogy az én jelenlétem után érkezik meg a férjemé, amikor meglátja a hedonizmusommal és a befőzéssel együtt járó konyhai tájképet a gyermeki intuitív oldal hatásaival együtt. Nálam azonnal elmúlik a tetterő, a drága uram meg sóhajt egyet vagy kettőt. Megcsinálja, arany ember. Én meg projektálom saját dühömet magam irányából. Pukkancs leszek, mert én akartam igazán, csak aztán nagyon hamar elmúlt. A foltjaim szürkésednek és fehérítem azért rendesen, mert tegnap megcsináltam minden vesződség nélkül az egészet végig, nem kizárólag a megnyugtatókat. Ami pedig egyszer sikerült, az bármikor máskor összejöhet újra.

Nos, tegnap tehát a gyereket az élet nevelte, de legalább kreatív lett, mert fantáziát látott a homokozóban és rengeteg vízben, a gyep felásásában kézzel. Felmosott közben saras-homokos vízzel a teraszon, és érdeklődve vizsgálta a gyógyszeremet. Nyugi, el volt rakva távol az elérhetőtől, de kiderült: egy szék, és kész is lett volna a baj. Valahogy feltűnt a külső csend szerencsére, de a belső békémet azt hiszem a nappaliban hagytam, amikor azt

16 https://dakiniland.net/buddhizmus/gyakorlas/meditacio/buddhista-medit%C3%A1cio-modszerei Dátum: 2021.02.16.

megláttam. Nem mintha nagy rend lenne, de azért na. Tudod, a gyerektől vannak néha olyan elvárásaid, amit te magadnak és másnak sem tudsz megadni. A Covid előtt már kezdett kiérni a belső rend, kis nett voltam a korábbiakhoz képest. Élvezettel vettem tudomásul, milyen rendesebb asszony is tudok lenni, utána meg a 7 hét fekvés és az előtte, közben, utána, valamint a történet visszarendezett. Szétcsúsztam. Most kezdek majd valahogy magamhoz térni. Pont jókor, mert nyári szünet van.

Azt mondja a gyerek, a kicsi, amikor rövid, határozott mondatokkal igazítottam a pakolás felé: „Ezt már nem bírom idegekkel!" De jót mulattam rajta. Amúgy is vidámabb voltam, de ez olyan jókedvre fordított, hogy csuda. Jól is aludtam. 94 pontot ért.

Már nem is mondom, hova görbült a szám sarka. Ha a tied is követi az enyémet, neked is jó reggelt kívánok, mindenki másnak meg pláne!

KICSIT SE MORGÓ MARGÓ #20

Éppen varázsbot van a kezemben. Naaa, ne irigykedj már! Csak nem hedonista élvhajhász vagy? Ez a bot nem a te fantáziád, a gyerekét mozgatja. Így, ha ez jutott eszedbe, magadba nézz, ne engem ítélj huncutnak, bár elég bennem az is, nyugi! A múlt heti játszóterezés óta őrizzük ezt a szép botot, ami konkrétan egy faág. A kicsi szórakoztat a mesevilágával. Nagyon élvezhető a szerepjátéka. Tegnap már fel is mostuk újra a teraszt. Slaggal, mert a férjem dolgozik, és nem látja. Én szeretem rövidre zárni, ő meg nem. A többi gyerek prepubertásban. A ház legtávolabbi pontjából kell őket előnoszogatni egyáltalán valami létfenntartó funkció miatt is. Ez a dolguk, az lenne fura, ha nem így lenne.

Velük az ikerterhességet 64 kg-mal kezdtem meg kb. sok évvel ezelőtt. A lombikeljárásban résztvevő orvosnak mondtam, hogy most terhes leszek, kérem készüljön. Jót derültünk együtt a műtőben. Mi titok lehetett volna már akkor? Elmondhatom, hogy az ikreimet szedercsíra koruktól ismerem. Mikroszkópban ránéztem, megállapítottam, hogy akaratosak lesznek, megmaradnak. Valószínűleg magamról beszéltem, de nem fárasztalak.
88 kg voltam szüléskor. Ki is számoltam gyorsan fejben: 88 – 64 = bakker, 34 kg jött rám. Már kiskamaszok, és egy nyilvános bejegyzés alatt idén egy jól számoló írta: látom, megy a matek. Épp ezért ma az önvizsgálatról, önrevízióról szeretnék írni. Általában mindenkinek inkább a „te-vizsgálat" megy. Nekem is, semmi pánik, csak engem már nem bánt minden, amikor „te-vizsgálnak". Egy ítéleten azonban a traumát követően

nagyon megsértődtem. A tükör törvénye[17] szerint ebből tudnom kell, hogy ez feldolgozatlan bennem. A kanapén megint lesz téma... Tudod, visszahallottam valakitől, hogy későn hívtam mentőt. Rettenetesen bántott a mondat. A személyt illetően semmi bajom, de az állapotomban az önhibáztatás mellett a „te-hibáztatás" már sok volt nekem.

Elég hibajavítás van az én életemben szerintem. Így pukkancskodtam fejben egy sort, és sírtam. Elküldtem fejben kapálni, hogy világbéke legyen, és társakkal, hogy hamarabb legyen már vége ennek az egésznek![18] Egy lehetőség és egy iránymutatás csak fejben, mielőtt én adok kezdősebességet! Ilyen ez...

Az önvizsgálat néha nekem kicsit szenvedős. Egyrészt, ami szépet fedeztem fel és megszerettem, elveszthető. Tudod, a Covid, mint trauma, hagyott hátra nálam pszichés elváltozásokat. Elvesztek bennem olyan dolgok, amelyeket én szerettem, vagy felépítettem valami mást, kevésbé tetszőt, lecserélve. Itt van pl. a rend. A belső és a külső. A megbocsátás magad felé, és számos, amely még szerintem sem tartozik ide. Másrészt el kellett fogadnom olyan dolgokat, amelyekre fény derült és nem tetszenek. Megváltozott, és nem tetszik. Például életem legnagyobb hazugsága volt önmagam felé, hogy nem tudok hazudni. Dehogynem! Leginkább magammal teszem. A boldog tudatlanság nem mindig visz előre.

Arra jöttem rá egyébként – lehet, hogy századjára –, hogy túl komolyan veszem a dolgokat, és ítélkezem magam felett.

Tudok hazudni. Mit számít, hogy jó vagy rossz? Valamikor jó, valamikor rossz. Például amikor valaki, akit sosem láttál valószínűleg, meghal a szomszédodban és némán, csendben sírva hallgatod a véget nem érőnek tűnő csipogást (mert, tudod, a

---

17 http://www.gorothna.hu/olvasnivalo/a-tukor-4-torvenye.html Dátum: 2022.02.16.

18 A kapálás elhozná a világbékét! Szarvas Norbert 2013.08.11. írása alapján: https://iflgazdasag.blog.hu/2013/08/11/a_kapalas_elhozna_a_vilagbeket

GDPR[19]-t egyáltalán nem érdeklik a hangok), akkor jól jön. Elég sokára esett le, hogy nem a tappancs eshetett le. A tantusz esett le, hogy megállt az élet talán eggyel odébb. Na, ilyenkor tök jól jön a hazugság, mert kegyes. Főként akkor, ha ilyen érzékeny vagy, mint én. Nem kérdezel semmit, nem mondasz semmit. Látod? Ilyenkor nem túl hasznos az érzékenység. A munkámnál meg elengedhetetlen, csakúgy, mint a „te-vizsgálat". Miért is vinnéd a gyereket pl. gyógypedagógushoz? Mert „te-vizsgáltad", de elakadtál. Minek mész orvoshoz? Nem „te-vizsgálatra"? Minek is akkor tragédiába torkollóan, hatalmas vehemenciával ítélkeznem magam felett? Más felett meg nem mondom, hogy szokásom, de azért van néhanap megbeszélni valóm a barátaimmal.

Az önrevízióról...

Mit is mondtam??? Hogy is volt? Hm??? Egy megtekintett tartalomról mindig... Lapozz vissza a #10-hez! Semmi baj.

Magamban is kell néha, hogy belássak dolgokat. Lássam a változást vagy épp stagnálást. Netán azt, ha valami nem tetsző irányt vett, közbelépés szükséges.

Na, nem ragozom. Ez annyiban tartozik ide, hogy itt lett nekem néhanap hátrány az eddigi előny, és előnyösebb a hátrányosnak ítélt személyiségjegy. Nagy tanulság.

A mai alvásom legszebbje, hogy nem volt egyáltalán ébren töltött időm. 94 pont lett. A pszichológusnál meg azzal szembesültem, hogy képzeld már, versengő vagyok. „Hogy mi vaaan? Akkurva, tééényleg... Honnan tudjaaa???" Vannak dolgok, amiket szépen bemagyarázol magadnak, hogy milyen szépre festett vagy, aztán csak kiütközik az eredeti szín. (És most, később átolvasva... te észrevetted az ambivalenciát a sorok között? Gondolkozz!)

Én így vagyok szép. Mindig abban az igaziban, ahol épp tartok. Szebbre törekszek. Mást is arra ösztönzök.

Ha tudod, hogy ez igazából mit jelent, és apró mosolyra görbült a szád sarka, neked is jó reggelt kívánok, csakúgy, mint bárki másnak!

---

19 GDPR: mozaikszó, jelentése: általános adatvédelmi rendelet

KICSIT SE MORGÓ MARGÓ #21

A központi vénakatéterem feletti hegen is a jelenlét felé vezető útra kell lassan térnem. Sóhajtozok itt és belekezdek abba is, azután majd kikerekedik. Amikor megérintem ezt a helyet a testemen, az jut eszembe, honnan jöttem, honnan hoztak vissza. És az is, hova térünk meg egyszer.

Mese jön. Tudod az önkifejezésnek ez az eszköze segít nekem azt elmondani, ami a legjobban megérintett, amiről egy traumát megélt ember nem tud beszélni, mert rettenetesen fájdalmas számára. Ami állandóan egy napra húzza vissza, és nem engedi szabadítani magát tőle. A képzelet azonban mesefigurákat teremt ide, hogy az érzéseket kissé távolítsa, kihelyezze önmagát is a történetből, és olyan elemeket sző bele, ami csak a képzelete. Annak gyermeke.

Egy ágyban repültem én szélsebesen, majd „3hétreapám" a vihar szemébe lökött. Nem volt rest megtenni. Fogalmam sincs, „3hétreanyám" hogy termett az ágyam bal sarkánál, de az anyukák már csak ilyenek. Szárnyuk van. Apám háta attól görbült, hogy türelemmel kerülgeti.

Nem tudtam, hogy ilyen „3hétretestvéreim" vannak. Csendesek. Mind valahogy csendesebb volt nálam. Én érkeztem sebbel-lobbal közéjük, szinte kiabálva, mint egy újszülött. Az is voltam. Ők viszont már jól ismerték a helyzetet. Tudták, hogy az új testvérek tudnak így kiabálni. Meg pufogni a lélek fájdalmán is...

NATIV MELLKAS CT:

Pleurális folyadék nem azonosítható. A szív kissé nagyobb.

A jobb felső lebenyben főként dorsalisan nagy kiterjedésű, 9x6,5 cm-es crazy paving mintázat látható. (4 pont)

Ezen kívül több 1,5-2,5 cm-es alveoláris homály figyelhető meg. A középső lebenyben 6,5x7 cm-es crazy paving mintázat látható. (5 pont)

A jobb alsó lebenyben számos 1,5-3,5 cm-es GGO ábrázolódik. (5 pont)

A bal felső lebenyben számos 1,5-2,5 cm-es GGO látható. (4 pont)

Az alsó lebenyben basalisan 7,5x 4 cm.-es crazy paving mintázat ábrázolódik. Emellett több 2-3 cm-es periférias GGO figyelhető meg. (5 pont)

VÉLEMÉNY:A leírt elváltozások COVID-19 pneumonia során gyakran észlelhetőek, súlyossági index **23/25.**

KICSIT SE MORGÓ MARGÓ #22

„3hétretestvéreim" szeretetből és reményből fontak masszív hálót, amibe beledőltem újszülöttként. „3hétreapám" családfő lett. Nyugalmát megérezve próbáltam kitalálni, mi fáj igazán. A lelkem lett összezsugorítva picire. Talán az fájt. A forma. Nagyon. Odaát hagytam valakiket búcsúzatlanul. Hablatyoltam, kapálództam is miatta, de „3hétretestvéreim" tartották a köteleket rendületlenül. Mind figyelemmel kísérték apám béke felé terelgetését tűkkel (is), de mintha anyámhoz suttogott volna. Kizártak kettejük csevejéből. Tudod, a jó szülők tudják, hogy nem tartozik minden a gyerekekre. Tudják, milyen egy hangos újszülött.

Apám nyugtatott, anyám pedig jobbra térült valahogy a font hálót ringatni. Biztosan repült. Hol ott volt, hol itt, pont, ahogy apám. Kapcsolatom a testemmel volt, de egy kisbaba nehezen irányítja a kialakulatlant, egyben érez mindent, és ha fáj, akkor kiabál. Érdekes érzet volt az eszköztelenség. Tudod, tanár vagyok. Nem is értettem az új családom csendjét, míg hangoskodtam.

És akkor velem olyan történt, ami az egyik legszebb nekem. Hirtelen perdült velem a világ, és különös osztályterembe cseppentem. Kértem magamat saját érdekemben a csitulásra, mert érdekes esemény volt, figyelni akartam: akkor és ott csend lett. Tudod, aki a legjobban kiabál, veszi észre legkésőbb, hogy megérkezett. „3hétreapám" beszélni kezdett, pedig nem egy szószátyár fajta, mint a gyerek. Nem értettem, mit mondott, csak a szándékot. Anyám és testvéreim viszont érdekes módon mindent. És akkor rájöttem: a „3hétreapám" gyönyörűen tud tanítani. Hát ezért cseppentem ide: figyelni.

Értelmet nyert és elcsendesedett a délután pár pillanatra. Anyám a testvéreim szeretetéből font hálóban ringatott, és végre megnyugodtam. Mosolyra görbült a szám sarka, mint egy álommosolyt ért kisbabának, és elaludtam. Álmomban csúsztak így jobb pitvar környékére mindahányan, a „3hétrecsaládom" branülökkel. Álmomban lettem a legszebb, amely valaha tanárként lehetek: eszköz.

Így születtem meg 12.19-én, 16-17 óra közt, 47 évesen, mit sem sejtve még a bevezetőben a leckékről. Én minden további napban találtam tanulnivalót és kalandot.

Az elmúlt éjjel az egyik leghosszabb mélyalvásommal dicsekedhetek: 100 perc. 92 pont.

Mindenkinek szép reggelt és kellemes napot kívánok!

KICSIT SE MORGÓ MARGÓ #23

Másnap reggel vagy harmadnap homályosan ébredtem. Távolinak tűnt minden, ami nagyon fura volt, mert nem volt eddig időbeliségem. Emlékeztem még az odaátra és azokra is, akiket otthagytam. Emlékeztem a hiány okára és a harag tőrjére is, mely olyan mélyen bántott a vagyokban, a létezésemben, hogy a sebet egy tű sem ölti össze már. Mély seb, lassan gyógyul. Az, hogy mégis itt vagyok, egy „3hétretestvéremnek" köszönhetem.

Kitekintve az ágyikómból kezdett minden valahonnan ismerősnek tűnni, amaz meg távolodni. Szüntelenül valami miatt a fát, annak ágait néztem könnybe lábadt szemekkel. A testemet a „3hétrecsaládom" tartotta, míg a lelkem valahol a vihar szemében várt a saját elhatározására: megy tovább, vagy visszafordul mégis. Testvéreim gondozták, ellátták, vizsgálták és ápolták a formát körülöttem. Apám és anyám a számokból tudta meg, jobban vagyok. Érdekes volt a jövés-menés és a csend. Én is csendesebb lettem, de nem attól, mit apám mondott nekem szavak nélkül. A fájdalom némított egyre inkább. Az elfojtottság pedig nem tesz jót. Semelyik irányban; sem oda, sem a visszaúton. A „legidősebb" „3hétrenővérem" tudta ezt, tapasztalatból. Sok halált látott már, azt is látta előtte, hogy és mit féltek, bántak mások. Látta már az épülés útját is. Szeretett, így elmondta nekem tanácsként, miután hallotta érkezésem alatti haragom és dühöm okát.

– A harag nem tesz jót. Engedje el, és bocsásson meg!

Tudtam fogadni, meggondolni és dönteni. Azon gondolkoztam, hogy vajon meggyőződésből vagy hitből ilyen ez a nő? Aki tapasztaltabb nálad, tisztábban lát. Aki érzelmileg nem érintett annyira, tisztábban lát. Szélesebb percepciója, észlelése több nézőpontot enged.

Ekkor döntöttem el, hogy válaszolok az odaátról érkező üzenetre.

Nagyon sajnalom, amit tettem
Veled, remelem egyszer meg
tudsz majd bocsajtani. Imadlak
es nagyon feltelek

Mar reg megbocsatottam.
Tudod,,hogy imadlak. Csak
erjek haza

Hamarabb megtettem ezt, mint a megbocsátást magát. Tudod, egyszer már hívtam szerinted is későn a mentőt. Nem volt idő. Pontosabban fogalmam sem volt, hogy lesz-e. Döntöttem és hazudtam, hogy legalább egyikünk megnyugodjon valamennyire. Fájdalma volt az odaátnak is, én pedig szeretem. Nem szerettem volna, ha nélkülem úgy él le egy majd fél életet a közös gyerekeinket nevelve, hogy bánata van. Lelkiismeret-furdalása, amit oldani már nem fog tudni, ha távozok. Meg kellett valahogy az egót háttérbe téve bocsátanom, ha nem is ment könnyen. Velőt rázó lecke volt ez mindkettőnknek, de megtanultuk.

Senkit ne engedj haraggal! Ellenségedet sem, ha lenne ilyen. Szerettedet meg pláne. Nem tudhatod, mikor hívsz későn mentőt. Az enyém nekem épp időben érkezett.

Felébredt a kicsi: „Egyből reggel van? Én ezt nem értem." Megmondom őszintén, én sem. Rég nem éltem ilyen egybefüggőt.

KICSIT SE MORGÓ MARGÓ #24

Attól a naptól kezdve, amikor eldöntöttem, hogy történt bármi is, én inkább megbocsátok, lehettek az osztályon dolgozók szem- és fültanúi gyógyulásomnak, és lett igazi, majd' 30 fős „3hétre-családom", testvéreim mindegyikében kapaszkodva az életért. Szerettek ők mindenhogy. Tekintettel, tűkkel, infúziókkal, gyógyszerrel, gumikesztyűs érintéssel, katéterekkel, nevetés-sel, fertőtlenítőkkel, mosolygós képzelt arccal, a fehér jelmez alá bújva. Szerettek fahéjas csigával, viccekkel, horgolással, szívó-szálas kulaccsal, kiszolgáltak. Szerettek jó hírekkel, szerettek szép üzenetekkel. Vezettek az ágytól a mosdóig, és vissza. Für-dettek és ápoltak. Szerettek kedvességgel, tisztelettel, beszéd-témákkal, szellőztetéssel, hajmosással, tisztán tartással. Ro-pogós ágyneművel. Szerettek mindennel, ahogy csak tudtak. Szerettek harcias igazságérzettel. Szerettek humorral, empáti-ával. Szorongásoldással. Precizitással. Szerettek oxigénnel és szerettek fakanállal. A bácsikámtól egy kicsit tartottam eleln-te gyerekként, mert huszárjelmezben jelent meg mindig. Csak jóanyám tudta, hogy egy számmal nagyobbat vett anno belő-le, és simán aláférek én is. Ahogy kísérték figyelemmel és sze-retettel, reménnyel első forgolódásomat, felülésemet, formák-hoz érkezésemet, manipulatív fejlődésemet, mindig jó, de most rossz étvágyam javulását, totyogni kezdtem. Na, bakker! Kima-radt a kúszás, mászás. Egyébként sem jellemez. Nem ragozom, elég, ha én tudom, mire kell figyelnem egy eltérő fejlődésű ba-bán, önmagán.

Testvéreim vezette totyogásom után jöttek első, önálló lép-teim. Szüleim, bácsikám és testvéreim majdnem hátradőlve, „stand by"-ban nézhették boldogságomat magam felett. Két fő „3hétretestvérem" vette ki a központi katéteremet nagy gondos-sággal akkor, amikor apám elengedett az ágyhoz kötöttségből.

Megint mások húzták a másikat és a harmadikat. Megint mások oldottak a tappancsonktól, szívmonitortól. Apám óvatosságának a szaladós szívem volt az oka. Jól tette, amúgy is nagyobb lett, nyitva meg mindig nyitva volt.

Örülök már, hogy a fát nem ebből a nézőpontból figyelgetem. Innen is gyönyörű lesz, amikor eljön a pillanat. Megtanultam előtte segítséget elfogadni, mert van az a pont, amikor muszáj. Megtanultam alázattal élni. Nyugton várni. Türelemmel fogadni. Megtanultam magam védeni. Megtanultam én mind a 24 leckét. Lapozz vissza! Figyelni pottyantam oda, így figyeltem. Lehet fejlődni mindentől.

A lényeg nekem, hogy már boldogsággal tölt el, hogy Covidos voltam. Örülök az újabb életemnek, az összes leckével.

96 pont lett az alvásom.

Nem szeretnék hivatkozással bajlódni (mégis fogok), főként mert fogalmam sincs, kitől idézek, ráadásul pontatlanul, mégis idézőjelek közé pattintva:

„Ha okos vagy, csak a felét hiszed, ha bölcs, akkor tudod, hogy melyik felét!"[20]

...mert tudod, én még sohasem:

---

20 Az eredeti idézet Robert Orben nevét fémjelzi, mely pontosan így szól: „Okos vagy, ha csak a felét hiszed el annak, amit hallasz. Zseniális, ha tudod, melyik felét."

KICSIT SE MORGÓ MARGÓ #25

Tudod, amióta megírtam a 24-est, eltelt öt hónap. Nem volt időm és kedvem foglalkozni vele, hullámok jöttek, aztán mentek. A szorongásom, félelmem megmaradt. Az első évfordulóm is eléggé megviselt. Már nem érzem fontosnak, hogy tudd, hol voltam és kik voltak körülöttem, mert ez az írás RÓLAM szól, és arról, hogy én hogy látom, láttam a körülölelő világot. Arról szól, milyen a depresszióm és a poszttraumám belülről. Ezzel egyedül én tudok megbirkózni, efelett egyedül nekem van hatalmam és felelősségem. Arról szól, mennyire fontos, hogy a problémámmal szembesüljek és ne kerülgessem. Ennek a rettentő mélységnek a leírásával szeretném tudatosítani, hogy minden minket érintő eseményből lehet tanulni, és ennek elviselésében hatalmas segítséget nyújt önmagunkra irányuló figyelmünk, a gondolkodásunkon való gondolkodásunk, szarkazmusunk valamint bánatunk, fájdalmunk feletti humorunk. Ugyan szembesít ez a féle hozzáállás nehézségekkel, az önelfogadás és önszeretet hiányosságaival, de éppannyira felszabadít, amikor mindez szilánkokra hullik, mert feldolgoztuk és nem átléptünk felette. Kurázsi kell, hogy merjünk magunkban felfedezni. Pont úgy, ahogy az előszóban olvastad.

Minden áldott reggel ezekkel a rövidke írásokkal kezdtem a napomat. Jegyzetelésre került épp, ami feltört belőlem vagy történt velem a poszttraumám legnehezebbnek megélt napjain. A gondolataim, érzéseim, érzeteim, melyek jellemeznek egy poszttraumást, annak sok tünetével, egy mániás depresszióban élő, figyelmi és emlékezeti funkcióit részletekben valahogy elhagyó, szótalálási nehézséggel küzdő középkorú nőt, aki elvesztette az ízeket és a szagokat is valamennyire, de megtalálta a családját, a gyerekeit, a barátait, a hivatását, a hitét, és így az élete értelmét. Kihasználva a gondolkodást és az emlékezést, hátralévő idejét olyan céllal töltötte meg, ami talán segítség lehet másoknak.

Az „ülepedőidő" alatt szembesülnöm kellett azzal, hogy a neurológiai és egyéb poszt-Covid tüneteim maradnak velem. Gyógyszert szedek, így a figyelmi és emlékezeti tevékenységem javult. Nem vagyok annyira szétszórt, jobban tudom, mikor, hol kell lennem, és miért. A szótalálás is javult, egyszer-kétszer idegesítő, mikor nem ugrik be vagy összeakad egy-egy szó. A szag- és ízérzékelésem még mindig hullámzó, összességében a *javult* szó azért itt is megállja a helyét. A beállított gyógyszerek ellenére a tanulás azonban nem megy úgy, mint Covid előtt ment. Képtelen vagyok bármit megtanulni (explicit értelemben), és azt aktív tudásként felidézni, pontosabban érzelmi töltet hiányban be sem megy az információ szerintem; olyan „egyik fülön be, a másikon ki" kategóriába soroltam. Minden egyéb esetben pedig nagyon kevés marad meg bennem. Ezt még nem dolgoztam fel. Elfogadni sem tudom. Egyelőre ott tartok, hogy láttamoztam, megértettem. Szándékosan szoktam felidéztetni magammal az előző napokat, egy könyv vagy film, videó tartalmát, néhány kulcsfogalmát. Sokat jegyzetelek, de leginkább kérdéseket fogalmazok meg. Én ezzel tudom a passzív tudást előcsalogatni.

A depresszióm javulása is a beállított gyógyszernek és a terápiának köszönhető. Megmondom őszintén – újragondolva –, azért én is kellek hozzá. Egy terápia őszinte összmunkát jelent. Hiába járok, ha én nem akarom megoldani a problémám. Elég nehéz a komorabb napokon kilépni a negatív gondolatkörből. Hajlamos vagyok saját magam belehajtani spirálszerűen ebbe a lehúzó és fájdalmat generáló gondolatvilágba. Az önmegfigyelés azonban nagyon sokat segít. Felfedeztem néhány tevékenységet, melyek megnyugtatnak. Amolyan hangulatnaplót vezettem arról, mi volt az első gondolatom, érzésem, ami belevitt a mélységeimbe, majd leírtam azt is, mikor és minek a hatására szűnt meg. Manapság, amikor nehezebb napra ébredek, már tudom, mikhez lehet nyúlni azért, hogy megszakadjon ez az ördögi kör, s bele sem engedem magam. Ha esetleg te is depis vagy, csak annyit írhatok, hogy nekem ez bejött. Rövidíteni tudom a nehezebb szakaszt. A másik, ami igen sokat segített pozitívabbra fordulni, az a befőttesüveg-technika, amikor mindennap kis cetlire írva kell beletenni a napod legboldogabb pillanatát, amiért hálás vagy boldog lehetsz. Ha nagyon depis voltam, akkor beletettem a legkevésbé rosszat. Összeszedtem, hogy miért is volt ez szebb nap, szép nap, átlagos nap. Ha volt rossz is, mi célt szolgált, mire tanított meg. Ezek a feladatok segítenek kicsit eltávolítani magamtól az érzéseket. Ugyanilyen hatással van rám az önirónia, a humor magam felett. Így könnyebb az élet nekem.

A vágy bennem, hogy mindenkit láthassak, aki velem volt ebben a pár hétben, életem eddigi leginkább embert próbáló szakaszában, jelentősen csökkent. Nem múlt teljesen. Tudod, a szemükön kívül semmit nem mutathattak meg a védőruha miatt. A majd' 30 emberből 5 főt láttam pillanattól-órákra, és további kb. 10-ről tudom, fotókon hogy néz ki. Elérzékenyít, amikor kifejezik örömüket az életem felett. Mindig rádöbbenek: mégis volt értelme ennek az egésznek, amin átmentem. Erőt adtam, erőt kaptam. Azt hogy túléltem, segített tovább élnie a szüleimnek, a férjemnek, gyerekeimnek, szerzett családomnak és a szoros baráti körömnek. Szakmai örömet adtam a körülöttem lévő nővérkéknek és orvosoknak.

Az apróbb dolgok, mint például az ingadozó pulzus és emelkedettebb vérnyomás a gyógyszeren túl szintén rajtam is áll, hiszen írtam, hogy szép kerek vagyok. Diétázok. Mondjuk, egy dekát sem fogytam, de teszek valamit magamért. Nem szeretnék én kemény popsit, elég furán mutatna a szarkalábas mosolyommal. Az egészség lett a cél mozgás és étkezés terén is.

Az ijesztő mértékű hajhullásomat az első oltóanyag állította meg. Pontosabban fogalmazva, arra az időre tehető. Az új hajam, ami a kihullott helyén serkent újra, hullámosabb, mint a régi.

Jó érezni azt, hogy már könnyedén olvasom vissza a történetemet. Ez a trauma engem új irányba terelt. Még intenzívebben fordulok önmagam felé, változtak a prioritások az életemben. A többit, azt hiszem, bő lére fogva is olvastad. Nos, ezekből nem tudom, te hallottál-e a hírekben? Az élet, a statisztikai adatok mögé bújt történetek általában nincsenek benne...

Mielőtt mindez megtörtént velem és elért a depresszió, egy életvidám, vicces, több embert megmozgató, lendületes egyén voltam. Engem rendkívül boldoggá tesz, ha a környezetemben vidám emberek vannak, az meg még inkább, ha én tudom őket vidámmá és ellazulttá varázsolni. Nos, a depresszióban ez elveszett belőlem és megértettem, milyen nehéz egy sanyarú helyzetből kilépni.

Azzal, hogy megvetted ezt a könyvet, nem tettél igazán boldoggá. Azzal viszont, hogy ezeket a sorokat olvasod, ergo túljutottál rajta, véleményt formáltál róla, azonosultál vagy ellenvetettél, az igen. Köszönöm, hogy megtetted! Amennyiben érdemesnek találod, hogy a saját polcodra tedd, megtisztelsz vele! A megosztás az én életemben rendkívül jelentőségteljes.

Na, most tényleg a margóim végére értél. Örülök, hogy pár oldal erejéig belekukkantottál az érzelem-, gondolat- és képzeletvilágomba!

Ha lapozol egyet, a következő oldal megmaradt NEKED. A fehér papírra vetett fehér betűk olyan „van és nem van", ha úgy tetszik, „hoztam is, meg nem is". Nekem így lett a legszebb. Írd meg te is magadnak és mutasd meg annak, akivel szeretnéd megosztani. Gondolkozz! Az visz előre.

UTÓSZÓ

FELHASZNÁLT IRODALOM

Popper Péter: Lélekrágcsálók.
(Kulcslyuk Kiadó 2010),
ISBN 978-963-89026-2-7

Popper Péter: Hogyan választunk magunknak sorsot?
Válogatás Popper Péter előadásaiból
(Kulcslyuk 2020)
ISBN 978-615-5932-48-9-193

Padmaszambhava (mitikus szerző), Tibeti halottaskönyv –
A bardó tanítás nagykönyve
(Szenzár kiadó),
ISBN 978-963-479-564-3

A Dalai Láma előszava.
Fordította: Mirczik Bálint
(Sambhala Fordítóműhely)

Értékelje
ezt a könyvet
honlapunkon!

www.novumpublishing.hu

A szerző

Hársszegi Anita Gyöngyösön született, 1974. 06. 27-én.
Az ELTE Tanárképző Főiskolai Karának elvégzését
követően a Debreceni Egyetemen szerzett tanári
képesítést, majd az Eszterházi Károly Egyetem
Pedagógiai Intézetének fejlesztő-differenciáló
szakirányú továbbképzésében lett szakpedagógus.
1998-tól középiskolai, majd 2018 és 2020 között
általános iskolai tanárként, fejlesztőpedagógusként
tevékenykedett. Házas, három gyereke van. Hobbija a
horgolás, befőzés és olvasás. Az írás aznap vált fontossá
az életében, amikor az önmegismerés útjára lépett.
Téma híján leginkább önmagáról introspektív módon
tett, barátok közt megosztott bejegyzésekben fulladt
ki minden bekezdése. Az élet azonban megmutatta
neki, hogy képes másként is alkotni: trauma formájában
gondoskodott a továbbiakról.

A kiadó

Aki feladja,
hogy jobbá váljon,
feladta,
hogy jobb legyen!

E mottó alapján a novum publishing kiadó célja az új kéziratok felkutatása, megjelentetése, és szerzőik hosszútávú segítése. Az 1997-ben alapított, többszörösen kitüntetett kiadó az egyik legjelentősebb, újdonsült szerzőkre specializálódott kiadónak számít többek között Ausztriában, Németországban és Svájcban.

Valamennyi új kézirat rövid időn belül egy ingyenes, kötelezettségek nélküli kiadói véleményezésen esik át.

További információkat a kiadóról és a könyvekről az alábbi oldalon talál:

www.novumpublishing.hu